AF242185

DES DROITS

DE
MADAME DE FRANCE,
FILLE DE LOUIS XVI,

A LA COURONNE

DE NAVARRE.

PAR BOUCHER DE COURSON.

Le droit est l'ordre de la société civile.
Politique d'Aristote, liv. 1er, ch. 2.

PRIX : 2 fr. 50 c.

A PARIS,

CHEZ DEMONVILLE, IMPRIMEUR-LIBRAIRE,
RUE CHRISTINE, N° 2.

1831.

IMPRIMERIE DE DEMONVILLE,
Rue Christine n° 2.

AVANT-PROPOS.

LE premier but qu'on s'est proposé dans cet écrit, a été d'appeler l'attention de l'impartialité sur des faits qui, se liant à la situation actuelle de certains Etats, peuvent être réputés d'intérêt général.

Lorsqu'on désire de faire naître la conviction dans les esprits, on éprouve nécessairement la crainte de commettre, même involontairement, quelques erreurs. Ainsi l'on se fait un devoir de n'avancer rien qui ne porte en soi le caractère du vrai.

C'est à l'aide de documens réputés officiels ou scrupuleusement traditionnels, que l'on espère de parvenir à démontrer ce qui est incontestable. Dans cette vue, on s'est attaché à réunir dans un cadre resserré, des preuves qui ne peuvent être généralement connues, parce qu'elles sont éparses dans un trop grand nombre de volumes différens.

Sans chercher à heurter telle ou telle opinion, on traite une question de légitimité. On la soumet avec confiance au jugement de ceux qui voudront entreprendre de l'examiner; bien persuadé que la raison, la justice, ont des partisans dans les divers partis.

Sans témérité, comme sans crainte, on s'expose aux objections de la critique, elle doit être impuissante contre ce qu'elle ne saurait contredire. Des allégations plus ou moins hasardées, sont insuffisantes pour atténuer des assertions appuyées de citations irrécusables, puisées dans des auteurs dont les ouvrages n'ont pas été entrepris pour faire *de l'histoire*, mais dans le dessein de transmetre des traditions utiles.

DROITS

DE

MADAME DE FRANCE,

FILLE DE LOUIS XVI,

AU

ROYAUME DE NAVARRE.

ÉMETTRE une opinion, c'est indiquer seulement sous quel rapport on envisage une proposition énoncée ou un événement, présumé possible, mais encore incertain. En tel cas, la manière d'envisager se forme uniquement par l'action du raisonnement. Deux avis différens présentés sur un même objet, quoique opposés l'un à l'autre, peuvent être également entachés d'erreur.

Il n'en peut être de même d'une assertion avancée. Sur quelque sujet qu'elle soit produite, nécessairement elle est ou exacte ou erronée. Pour la prouver exacte, il faut produire des argumens démonstratifs. On ne peut la soutenir erronée qu'en lui opposant des objections fondées. Son résultat nécessaire est de faire naître la conviction. Plus une assertion a trait à une matière grave, plus elle doit être l'objet d'un examen réfléchi. Ainsi, avancer *ce dire* : la fille de Louis XVI, Madame de France, a droit au royaume de Navarre, c'est provoquer la raison à se dégager de toute prévention, pour porter son jugement.

Sans remonter à des temps très-reculés, dans le dessein de prouver l'origine du royaume de Navarre, sans chercher à approfondir s'il est plus ou moins ancien que ceux d'Aragon, de Castille; il suffit d'établir en fait que, suivant la loi fondamentale de ce royaume, *la Couronne de Navarre tombe en quenouille.*

Jamais ce domaine n'a été réputé *terre salique.* A aucune époque, il n'a été *joint, annexé* à la Couronne de France.

« Les rois de Navarre ne sont feudataires « de princes du monde » dit And. Favin, dans son Histoire de Navarre.

Chopin, dans son *Traité du Domaine,*

livre III, titre 3, prononcé explicitement :
« *Principatum supremum à fœminis inchoa-*
tum ; quamvis regi in dotem datum, tamen
deficientibus masculis ad fœminas transmitti.
Navarræ regnum per janam campanam Gal-
lico adjunctum ad ejus neptem transiisse. »

Ce principe du droit des Couronnes a
aussi été proclamé par l'assemblée de Mont-
pellier, tenue en 1275 : « Les princes sou-
« verains qui y assistèrent par eux ou leurs
« ambassadeurs, reconnurent que le do-
« maine de leur Couronne était inaliéna-
« ble. »

Selon les us et coutumes, chaque Etat a sa
loi constituante et fondamentale, première
base de son droit public.

« De tous les Etats, les uns sont succes-
« sifs aux mâles seulement de même nom
« et mêmes armes, selon la loi salique re-
« tenue du français. Les autres sont électifs,
« comme en Pologne, et semblables. Les
« autres, successifs aux mâles et aux femel-
« les, lesquelles succèdent à défaut *des hoirs*
« *mâles.* Les royaumes d'Angleterre, de
« Navarre, d'Espagne, sont de cette espèce
« dernière. »

Le premier roi de Navarre fut Enéco. Ce

fils de Semeno, après avoir conquis ce pays sur les Mores, en aurait été reconnu roi par voie d'élection, vers l'an 840.

Le premier roi de Navarre d'origine française, fut Thibault, cinquième du nom, de la maison des Comtes palatins de Champagne. Il parvint à la couronne en 1234, du chef de sa mère, Blanche de Navarre, qui avait épousé Thibault quatrième. Blanche était sœur de Sance-le-Fort, huitième du nom, dernier roi de Navarre de la lignée des Garcia - Ximénès, mort sans laisser postérité. Ainsi, cette Couronne étant tombée *de lance en quenouille*, les droits de la deuxième lignée des Souverains de cet état, furent transmis du chef d'une femme.

Thibault épousa Marguerite de Bourbon. L'an 1238, ce prince entreprit le voyage de la Terre-Sainte. Il fut élu chef de l'entreprise par les duc de Bretagne, comte de Monfort, comte de Bar, et par plusieurs grands seigneurs de France, de Navarre, d'Allemagne. Cette croisade eut lieu dix ans avant celle entreprise par Saint Louis.

Le roi de Navarre, avant de partir, laissa

le gouvernement de ses Etats à la reine son épouse.

Ce prince eut pour successeur son fils, qui, à son avénement, prit le titre de Thibault second. Ce fut ce Souverain de Navarre qui, en sa qualité de comte de Champagne, eut procès avec la duchesse de Bretagne, sa sœur de père, qui lui faisait demande d'une partie du comté de Champagne. Ce procès fut jugé à Paris, les Pairs séant en parlement.

Thibault épousa, en 1257, Isabeau de France, fille de Saint Louis. Il mourut l'an 1270, sans laisser d'enfans. Il eut pour successeur son frère Henri, qui régna sous le titre de Henri Ier.

Henri fut marié à Blanche d'Artois, fille de Monsieur, Robert de France, comte d'Artois, « second frère du bon roi Saint Louis. »

De ce mariage naquirent deux enfans, Thibault qui mourut jeune, Jeanne de Navarre qui épousa le roi de France Philippe-le-Bel, quatrième du nom.

Ce fut par suite de cette union que la première branche des Valois entra en possession de la Couronne de Navarre.

Cet événement aidant à prouver combien

sont fondés les droits de Madame de France, issue de Louis XVI, et son unique héritière directe, il est nécessaire d'en déduire les détails.

Henri Ier mourut vers l'an 1274. Ce prince institua par son testament, sa fille âgée seulement de trois ans, « héritière universelle, « tant de son royaume de Navarre que des « comtés de Champagne, de Brie et autres « terres qui lui appartenaient. Il donna à « son épouse Blanche d'Artois, la tutelle de « la petite Jeanne, il lui enjoignit de la « marier en France, et non aux rois d'A- « ragon ni de Castille. » Les grands sei- gneurs castillans ainsi que ceux de l'Ara- gon, s'opposèrent à ces dispositions. « Ils « firent élire pour gouverneur du royaume « le grand sénéchal de Navarre, Dom Pedro « Sance de Montagut, jusqu'à ce que la « petite reine fût en âge d'être mariée. » La reine-mère craignant d'être dépossédée de la tutelle de sa fille, et ayant témoigné ses craintes aux seigneurs de son parti, prit leur conseil, se sauva de nuit en France avec la jeune princesse. Elle se vint jeter entre les bras de Philippe-le-Hardi, son cou- sin germain. Le roi la reçut; il fit soigneusement élever en sa cour la reine de Navarre.

Instruits de cet événement, les rois de Castille, d'Aragon, résolurent, chacun de son côté, de se rendre maîtres de la Navarre.

Dans ce dessein, le roi d'Aragon envoya l'infant Dom Pèdre, son fils, aux seigneurs navarrois assemblés à Pampelune. « Il pré-
« tendit que, le roi Sance-le-Fort lui avait
« donné et résigné, de son vivant, son
« royaume, que partant ils le devaient re-
« cevoir et reconnaître pour leur prince,
« sans s'arrêter à la fille du roi Henri : de
« plus, il forma la réclamation d'une somme
« de quarante mille ducats qu'il avait prêtés
« au roi Thibault, lors de son voyage d'ou-
« tre-mer. »

De son côté, Alphonse de Castille envoya ses députés auxdits Etats de Pampelune, pour leur remontrer ses anciennes prétentions au royaume de Navarre.

Se voulant faire élire par force, il dirigea sur la Navarre une armée commandée par son fils, le prince Ferdinand.

Cette armée vint mettre le siége devant

Viane. « Cette ville donne le nom à la prin-
« cipauté du fils aîné du roi. »

L'entreprise de Ferdinand n'eut pas un
heureux succès; les habitans de Viane con-
traignirent l'armée à lever le siége.

L'Aragonais dut consentir à accorder des
termes pour le paiement des quarante mille
ducats réclamés.

Quant à ce qui concernait la possession
de la Couronne de Navarre *les Etats décla-
rèrent qu'ils avaient leur princesse, légitime
héritière du royaume, à laquelle ils avaient
promis obéissance, et juré fidélité ; de laquelle ils ne se pouvaient départir, sans
commettre crime de félonie et de lèze-ma-
jesté.*

Cependant, peu après cette déclaration
formelle, la division se mit parmi les membres des Etats. L'assemblée se transporta en
la ville d'Olite, et le mariage de la jeune
reine de Navarre, avec Dom Alphonse, fils
aîné de Dom Pèdre d'Aragon, fut proposé
par un parti. Il fut aussi convenu que si
Dom Alphonse venait à mourir, le mariage
aurait lieu avec Dom Joanes son frère, second fils de Dom Pèdre. Les Etats s'enga-
gèrent à fournir une somme de cent qua-

rante mille marcs d'argent au roi d'Aragon, tant pour son dû que pour les intérêts, et pour subvenir aux frais de l'entretien d'une armée, que ce prince devait mettre sur pied pour assurer la défense du royaume de Navarre contre le Castillan. « Cet accord fut « arrêté de part et d'autre en la ville d'Olite, « au mois de novembre 1275. »

L'auteur qui rapporte ces décisions de l'assemblée d'Olite, y ajoute ces réflexions: « On ne peut attendre que toute confusion « d'une assemblée d'Etats qui veulent com- « mander. La tête est justement plantée au « bout du corps pour régir et gouverner « les membres, parties inférieures. En tous « royaumes et monarchies, si le prince as- « semble les Etats pour se communiquer à « eux, il faut qu'ils croient qu'ils ne sont « reçus que pour proposer et adviser les « moyens de remédier au désordre; en faire « ouverture au prince, et non pour résoudre « d'y-ceux. Les Etats, en tous royaumes, « monarchies, ne doivent être résolutifs. « S'il en advient autrement, c'est subver- « sion et la ruine entière d'y-celles : comme « il advint en Navarre de cette assemblée « d'Olite, où les uns s'avouèrent les parti-

« sans d'Aragon, et ceux qui ne deman-
« daient que de pêcher en eau trouble sous-
« signèrent, et les autres non prévoyant
« une fin malheureuse de ces ligues et par-
« tialités qui ne pouvaient attirer avec elles
« que la perte du royaume de Navarre. »

Philippe-le-Hardi ayant ouï les nouvelles desdites décisions de l'assemblée d'Olite, *se déclara protecteur du royaume de Navarre et de la princesse mineure. A l'instant même il la maria, par paroles de futur, à son fils aîné Philippe-le-Bel.* Il assembla une armée à la tête de laquelle il se mit pour marcher sur la Navarre.

Dans ces circonstances, le roi de France n'agit pas en qualité de *suzerain*, mais seulement comme allié, et par droit d'intervention. Ce fait prouve que la Navarre n'était pas considérée, fief domanial de la Couronne de France.

Philippe-le-Bel, âgé de quinze ans, épousa en 1284 Jeanne de Navarre, qui n'en avait que treize. Ce prince fut le premier qui porta le titre de *Roi de France et de Navarre*; son père, Philippe-le-Hardi auquel il succéda, étant mort l'année suivante, 1285.

Philippe-le-Bel devint aussi possesseur

des comtés de Champagne et de Brie, du chef de sa femme la reine Jeanne, qui les tenait à titre d'héritage de Thibault VI dont elle était petite-fille et était devenue l'unique héritière. De ce mariage de Philippe et de Jeanne naquirent quatre fils et trois filles. Les fils furent *Louis-le-Hutin*, *Philippe-le-Long*, *Charles-le-Bel*, et *Robert de France*, qui mourut en bas âge. Les filles furent : *Marguerite de France*, mariée à Ferdinand, quatrième du nom, roi de Castille; *Madame Isabeau*, mariée au roi d'Angleterre, Edouard, second du nom. Cette princesse fut la mère de ce trop célèbre Edouard, qui, après la mort de Charles-le-Bel son oncle, prit, à cause d'elle, le titre de Roi de France. La troisième fut *Madame Blanche*, qui mourut jeune.

L'an 1290, époque de la naissance de Louis Hutin, le premier des enfans de Jeanne, Philippe-le-Bel, et Sance roi de Castille, se virent à Bayonne, « ils y jurè-« rent paix ensemble, *de roi à roi, de « royaume à royaume.* »

L'an 1291, un traité de paix fut conclu entre Alphonse III, roi d'Aragon, et le roi de Navarre. Un des articles de ce traité

porte : « Les places prises par les Français
« et les Navarrois devront demeurer à la
« Couronne de Navarre. » Durant tout le
cours de son règne, Philippe donna tous
ses soins, pour recouvrer les terres usur-
pées à différentes époques par les Castillans sur la Couronne de Navarre.

La reine Jeanne mourut en 1304. Cette
princesse qui, pendant la durée de son
règne, ne résida jamais dans son royaume,
le gouverna durant près de quarante ans.

A la mort de la reine Jeanne, les deux
royaumes de France et de Navarre, cessè-
rent d'être sous la domination d'un même
Souverain. Louis Hutin, aux droits de sa
mère, hérita de la Couronne de Navarre.
Les édits, lettres patentes furent intitulés à
son nom; cependant il ne fut sacré que trois
ans après le décès de Jeanne; il fut couronné
à Pampelune, les Etats ayant député vers
Philippe lui demander de l'envoyer en Navarre pour y être sacré et couronné suivant
les us et coutumes de ce royaume. A l'avénement de Louis Hutin, Philippe-le-Bel ne
régna plus que sur la France. Mais, ce prince
étant mort en 1314, Louis Hutin son fils
devint son successeur; alors les deux Etats

furent gouvernés de nouveau par un seul
et même roi.

Ce fait ne peut être contesté, il est rapporté par les historiens les plus accrédités.
Sa conséquence naturelle fournit la preuve
que le royaume de Navarre ne peut être
assimilé à ces grands domaines mouvans de
la Couronne de France, tels que la Normandie, la Bourgogne et autres.

Louis eut de Marguerite de Bourgogne,
qui décéda en 1315, Jeanne de France et
de Navarre. Ce prince mourut à l'âge de
27 ans, en 1316.

A sa mort, Jeanne étant mineure, ses
oncles Philippe-le-Long, Charles-le-Bel, qui
se succédèrent à la Couronne de France,
« ne s'intitulèrent (dit Dutillet), rois de
« France et de Navarre, pour s'approprier
« la Couronne de Navarre, mais pour la
« conserver à leur nièce, ladite Madame
« Jeanne de France, fille de leur frère aîné,
« laquelle étant mineure, ils en prirent la
« protection. »

Jeanne épousa Philippe, dit le Sage, comte
d'Evreux, avec lequel elle avait été accordée
dès l'an 1316; à s. majorité, elle et son époux
furent sacrés à Pampelune. Par le serment

de leur sacre, ils promirent : « Que si Dieu
« ne leur donnait lignée, ils remettraient le
« royaume avec toutes les forteresses d'y-
« celui, en la puissance des Etats de Na-
« varre, lesquels en pourraient investir
« ceux auxquels ils pourraient devoir ap-
« partenir. » Ainsi par la loi, par leur serment, les rois de Navarre ne pouvaient
disposer de leur Couronne à leur gré, ni
l'aliéner.

Philippe mourut en 1343. L'aîné de ses
fils continua à porter le titre de prince de
Viane, jusqu'au décès de la reine Jeanne,
l'an 1348.

Parvenu à la Couronne, il prit le titre de
Charles second. Ce prince épousa, en 1351
Madame Jeanne de France, seconde fille
du roi Jean. Comme petit-fils de Marguerite,
femme du roi Philippe-le-Long, il disputa
le duché de Bourgogne, mais il fut débouté
de ses prétentions par arrêt du Parlement
de Paris. Ce domaine ayant été reconnu
faire partie de la terre salique, fut réuni à
la Couronne.

Les querelles de Charles de Navarre avec
son beau-père le roi Jean, et avec son beau-
frère le Dauphin de France, régent pendant

la captivité de son père, devinrent cause de la révolte qui éclata à Paris.

Sans retracer les différens événemens qui se succédèrent alors, sans offrir le tableau d'horreurs qui signalèrent cette époque, où les Parisiens prenant parti contre leur Souverain pour le roi de Navarre, *lui jurèrent de ne résoudre aucune chose sans son consentement;* il est une particularité qui mérite d'être rapportée :

« En un instant, Etienne Marcel, prévôt
« des marchands, les échevins et ceux du
« peuple qui soutenaient le parti navarrois,
« prirent le chaperon *pers-vers* pour livrée
« de leur rébellion. Le *vert* était la livrée
« du roi de Navarre; le pers (bleu céleste)
« la couleur de la ville de Paris. De la réu-
« nion des mots propres de ces deux cou-
« leurs, on forma le nom dont on se servit
« pour désigner ceux qui les avaient adop-
« tées. »

Le roi de Navarre mourut en 1386; on peut avancer que ce prince fut un des auteurs principaux des malheurs que la révolte fit peser sur la France, et principalement sur la capitale. Son fils, portant le même nom de Charles, lui succéda.

Lorsque ce prince parvint à la Couronne de Navarre, il était âgé de vingt-cinq ans.; à seize, il avait épousé Dona Eléonore, fille de Henri, roi de Castille. Ce fut lui qui érigea en principauté, pour être tenue à titre d'apanage par le fils aîné de Navarre, *la ville* et *marindade de Viane*.

Comme duc de Nemours, il fut membre du conseil tenu à Paris sous Charles VI, où assistèrent le roi de Sicile, les ducs de Bretagne, de Bourbon, avec d'autres grands seigneurs du royaume, « pour châtier la « perfidie du duc de Bourgogne, haï et « détesté de tous les gens de bien, meur- « trier du duc d'Orléans. »

Charles mourut subitement à Olite, l'an 1425, ayant régné près de trente-huit ans. A sa mort, la princesse Blanche, sa fille, envoya l'étendard royal de Navarre à Dom Juan son mari, qui était au camp d'Aragon, près de Dom Alphonse, son frère. Cette princesse, madame Blanche, était la troi-sième des filles de Charles. Elle devint héritière du royaume de Navarre, ses frères, ainsi que ses deux sœurs aînées, n'ayant point laissé de postérité.

Ainsi du droit de la princesse Blanche de

Navarre, cette Couronne qui, durant l'espace de cent quatre-vingt-onze ans, avait été portée sans interruption par des princes Français, passa dans la maison d'Aragon. Charles VII, qui régnait lors de cet événement, ne revendiqua point; il savait qu'il n'avait aucun droit sur cet Etat.

Blanche et son époux, Jean d'Aragon, furent sacrés à Pampelune, les Etats de Navarre y étant assemblés, et en présence des ambassadeurs de France, d'Aragon, de Portugal, de Castille. Jean d'Aragon se fit l'ennemi du roi de France, Charles VII. Il joignit ses forces à celles des Anglais dans les guerres de Guyenne.

Le comte de Foix, son gendre, ne tint pas le même parti. Ce prince fit le siége de Mauléon, et prit cette place située sur les confins du Béarn et de Guyenne : il attira aussi dans les intérêts de la France le seigneur de Huze, prince de Navarre, « qui quitta la croix rouge pour la blanche. » Cette particularité aide à établir la preuve que l'échange des couleurs désignatives pour la France et l'Angleterre était consommée à cette époque.

Dom Jean d'Aragon mourut l'an 1425. Il

laissa pour héritier du trône de Navarre, le prince Charles, né en 1421.

A l'occasion de cette minorité, la Navarre fut déchirée par les factions de Beaumont, de Grammont. La possession de la Couronne fut contestée, des guerres intestines se renouvelèrent durant plus de vingt ans.

L'an 1479, Charles d'Aragon mourut. Sa fille, madame Eléonore, princesse de Viane, parvint à la couronne. Elle était veuve alors de Gaston, quatrième du nom, comte de Foix, de Bigorre, seigneur de Béarn. Le fils aîné de cette princesse, Gaston, appelé par les Béarnais le prince de Viane, avait épousé madame Magdeleine de France, cinquième fille de Charles VII, et sœur de Louis XI; il ne parvint point à la couronne.

La reine Eléonore étant morte dans l'année où elle monta sur le trône, elle eut pour successeur son petit-fils, François-Phœbus Gaston de Foix, qui, à son avénement, était en la tutelle de sa mère, madame Magdeleine de France.

Ce fut sous la régence de cette princesse, que les factions de Grammont, de Beaumont, furent réconciliées; et que les menées du roi d'Aragon, qui aspirait à s'emparer du royaume de Navarre, furent déjouées.

François-Phœbus n'atteignit point l'âge de majorité. Il fut empoisonné au moyen d'une poudre introduite dans une flûte dont il jouait. Les effets de ce poison furent si violens, que les soins les plus prompts demeurèrent insuffisans.

Par la mort de ce prince, la Couronne de Navarre échut à sa sœur unique, la princesse Catherine, alors âgée de quinze ans. Cet événement fit recommencer les brigues du roi d'Aragon. Il fut aussi le motif de la guerre qui s'éleva pour la possession du Béarn. L'oncle de Catherine prétendait que son neveu, François-Phœbus de Foix, étant mort sans laisser lignée masculine, le Béarn devait lui appartenir; ce domaine étant régi par la loi salique comme arrière-fief de Guyenne; il soutenait que Catherine devait se borner à la possession du royaume de Navarre, « *puisque c'était la commune* « *usance du pays, que les filles y succé-* « *dassent.* »

Ce fut dans ces circonstances que, par les soins de sa mère, Catherine épousa Jean d'Albret, fils d'Alin d'Albret.

Le sacre et le couronnement de Catherine et de son époux, a été le dernier observé pour les Souverains de Navarre; Ferdinand, roi de Castille, s'étant emparé depuis, par *voies indirectes*, de la majeure portion de cet état.

Comme l'acte de la solennité de ce dernier couronnement aide à jeter un jour sur des droits qui ne peuvent être déclarés proscrits; le transcrire textuellement, ce n'est qu'en appeler à la raison.

« Soit manifeste à tous, présens et à venir,
« qui ces présentes lettres verront, liront,
« ou orront, que, l'an de la nativité de
« Notre-Seigneur 1494, jour de dimanche,
« dixième journée de l'an susdit, l'an troi-
« sième du pontificat de notre très-saint
« père Alexandre, sixième du nom, par la
« providence divine, pape de Rome.

« Que les très-excellentes et très-puis-
« santes personnes prince et princesse,
« Dom Jean, par la grâce de Dieu, roi de
« Navarre, duc de Nemours, de Gandie, de
« Montblanc, de Pagnafiel, comte de Foix,
« seigneur de Béarn, comte de Bigorre et
« de Ribagorre, de Penthièvre, et de Péri-
« gord, vicomte de Limoge, pair de France,

« et seigneur de la cité de Balaguerre ; et
« Doña Catherine, par la même grâce de
« Dieu, *reine propriétaire* dudit royaume
« de Navarre, duchesse desdits duchés,
« comtesse et dame desdits comtés et sei-
« gneuries, ayant commandé d'appeler et
« convoquer les prélats, nobles, barons,
« seigneurs, gentilshommes, et bourgeois
« des bonnes villes, représentant les trois
« états du royaume, et tout le peuple de
« Navarre, ainsi qu'il est accoutumé en cas
« semblable, pour se trouver et assister à la
« sacrée onction de leur bienheureux cou-
« ronnement et élévation en la dignité
« royale, cejourd'hui, en l'église de Sainte-
« Marie de la cité de Pampelune, où la céré-
« monie dudit sacre, et réceptions des
« marques royales se doivent faire selon
« l'ancienne coutume. »

« Suivent les signatures de tous ceux des
trois états, qui furent présens à la cérémo-
nie. Après cette formalité, en la présence de
tous ceux dénommés dans l'acte, le prieur
de Ploncevaux, pour l'absence de l'évêque
de Pampelune, dit publiquement auxdits
seigneurs, roi et reine, les paroles ci-après
rapportées : « Très-excellent prince, et très-

« puissans seigneurs, désirez-vous d'être
« nos roi et reine ? Leurs altesses répon-
« dirent : « Nous le voulons, et ainsi nous
« plaît. »

D'autres articles séparés furent particulièrement adressés au roi, et jurés par lui ;
puis ses déclarations furent ainsi continuées:
« Qu'au cas que notre femme vînt à décéder
« (ce que Dieu ne veuille) sans laisser de
« nous enfans, ou enfans procréés en loyal
« mariage, que nous rendrons les châteaux,
« forteresses, à l'héritier du royaume de
« Navarre et non à autre ; et qu'à la reine,
« notre femme, ne ferons faire ni ne don-
« nerons permission de faire *donation, ven-*
« *dition, aliénation, échange, union, ad-*
« *jonction, et annexe,* dudit royaume de
« Navarre, avec autre royaume, *province*
« *et région quelconque.* Ne lui donnerons
« pouvoir et puissance de faire édits, ordon-
« nances, ni mandemens préjudiciables à
« l'hoirie et succession *des filles héritières*
« du royaume de Navarre ; que s'il était fait
« autrement, telle ordonnance fût rescindée,
« cassée, annulée. Nous jurons et promet-
« tons en outre, que la reine notre épouse
« venant à mourir, laissant fils ou fille, pen-

« dant notre veuvage, nous demeurerons
« en ce royaume, sans nous en départir,
« gouvernant y celui comme usufruitier, roi
« d'y celui suivant le réquisitoire de vous,
« Etats. Et au cas que nous vinssions à nous
« remarier, et convoler en secondes noces,
« par le moyen desquelles il nous fallût
« sortir de ce royaume, et que les fils ou
« filles légitimes et héritiers naturels d'y
« celui, n'eussent atteint l'âge de vingt et
« un ans accomplis, nous accordons que
« ceux qui seront ordonnés par les Etats,
« gouvernent lesdits héritiers, jusqu'à ce
« qu'ils aient atteint ledit âge de vingt et
« un ans, comme leurs tuteurs légitimes.

« Et s'il advenait que durant notre vi-
« duité lesdits enfans héritiers du royaume,
« nous gouvernant y celui, parvinssent à
« l'âge de majorité ou se mariassent, en ce
« cas et notre vie durant, sans nous rema-
« rier, nous leur assignerons état selon leur
« dignité pour l'entretenement.

» Que si nous prédécédons notredite
« épouse et compagne la reine Catherine, y-
« celle demeurant toujours reine, persistant
« en viduité ou se remariant, en ce cas
« nous accordons en tant que nous pouvons

« disposer des terres de notre domaine, et
« de l'illustre seigneur d'Albret, notre très-
« honoré père, que notredite femme prenne
« et perçoive (survivante à notre seigneur
« honoré père), par chacun an les quatre-
« vingt mille livres spécifiées au contrat de
« notre mariage sa vie durant.

« Accordons en outre que le premier né
« fils ou fille, héritier de ce royaume, jouisse
« et possède toutes les terres et seigneuries
« qui nous sont échues et pourront échoir
« par cy-après, de la succession de notre
« très-honorée dame et mère, Françoise de
« Bretagne, comtesse de Penthièvre et de
« Périgord, vicomtesse de Limoges, d'Aves-
« nes, etc., etc., lequel premier né fils ou
« fille, nous ferons élever et nourrir en ce
« royaume en la langue et coutumes d'y-
« celui, pour quelque temps au moins.
« Comme nous donnerons ordre que la
« reine notre épouse fasse résidence actuelle
« en y-celui en la plupart du temps, ayant
« égard que les troubles d'y-celui sont ad-
« venus par la longue absence des rois nos
« devanciers.

« Voulons davantage, et nous plaît, qui
« si en quelques articles que nous avons ju-

« rés, nous venions à déroger et contrevenir
« de guet-à-pensée, ou autrement en quel-
« que sorte et manière que ce puisse être ;
« que vous Etats et peuple de notre royaume,
« ne soyez tenus nous obéir.

« De même, nous susdite reine Cathe-
« rine, avec la licence et permission du roi
« Jean mon seigneur et mari, et en sa pré-
« sence, jurons à Dieu sur cette croix, et les
« saints Evangiles manuellement par nous
« touchés, que nous tiendrons, garderons
« et accomplirons de fait, toutes et chacune
« des choses susdites par le roi mon seigneur
« promises et jurées, en tant qu'elles nous
« touchent et appartiennent, pourront tou-
« cher et appartenir ; autrement demeure-
« ront nulles, sans effets et vertu. »

Telles furent les principales conditions et
la teneur du serment prêté et juré par Catherine de Navarre et Jean d'Albret, à leur
sacre.

Ce serment prêté, les deux époux furent
couronnés tenant chacun un sceptre à la
main et le pied posé sur un carreau relevé
aux armes de Navarre seulement.

Ces Souverains, ainsi placés sur un trône,
les députés des Etats, du clergé, de la no-

blesse, barons, riches hommes, chevaliers, gentilshommes et notables députés des villes du royaume de Navarre, prononcèrent par la voix de l'officiant ce serment.

« Nous jurons à Dieu sur cette croix et
« saints Évangiles par nous manuellement
« touchés, à vous notre sire Dom Jean, par la
« grâce de Dieu, roi de Navarre, au droit
« qui vous appartient *à cause de la reine*
« *Dona Catherine votre épouse, notre reine*
« *et dame naturelle,* que nous garderons
« bien et défendrons fidèlement vos illus-
« tres personnes, couronne et pays; et vous
« aiderons à garder, défendre et maintenir
« les ordonnances par vous jurées de toute
« notre fidèle puissance. »

Si par ces conditions l'indépendance du royaume de Navarre est proclamée; s'il est reconnu et établi que cet Etat ne peut être réuni, annexé à aucun autre royaume; si le Souverain et son peuple ont maintenu l'existence nationale sous la foi du serment juré à Dieu, comment leurs successeurs auront-ils pu être privés de ces droits, par les dispositions d'une ordonnance de domaine, rendue dans un royaume auquel celui de Navarre est toujours resté étranger ?

Qui voudrait entreprendre de démontrer que la loi salique qui, réellement n'est qu'une coutume graduellement introduite, peut avoir plus de force qu'une loi déclarée fondamentale dès son origine.

Après leur couronnement, le roi et la reine de Navarre allèrent trouver le roi de Castille; ils réclamèrent de lui la restitution des seigneuries de l'ancien domaine de Navarre qu'il retenait, savoir : « les terres de la « Rioja, Bureva, Allava, Nagera, Guipuscoa, « la Garde, Saint-Vincent, Arces, Beronedo, « les châteaux de Toro, Herrica et autres. « En Castille, le duché de Pignafiel, les « seigneuries de Lara, Olmedo, Medina del « Campo et autres places de feu Dom Juan, « roi de Navarre et d'Aragon; » et outre ce une grande somme d'argent prêtée aux rois de Castille. Le prince qui déjà avait l'espérance de s'emparer du reste du royaume de Navarre, ne donna dans ces circonstances que de belles paroles.

Il demeure pour constant que ce fut durant le règne de Jean d'Albret, que le roi des différentes contrées d'Espagne, commença à s'emparer de pays faisant partie du royaume de Navarre : Mariana, historien espagnol,

en déduit ainsi les causes. « Ferdinand avait
« commencé dès long-temps d'avoir les rois
« de Navarre pour suspects ; d'autant que
« ceux des Maisons de Foix et d'Albret,
« Français naturels, tenaient le parti du roi
« de France. Ferdinand fit à Jean d'Albret
« plusieurs propositions d'échange, à la
« charge que les terres obtenues de la Na-
« varre seraient annexées au royaume de
« Castille. Jean d'Albret refusa ces proposi-
« tions, qu'autrement il ne pouvait consen-
« tir sans le consentement universel des
« Etats de Navarre, *attendu qu'il s'agissait*
« *du domaine d'y-celui, lequel est inviolable*
« *et sacré, c'est-à-dire inaliénable.* »

Si dans cette circonstance le royaume de
Navarre fût reconnu inaliénable, indépendant ; si les rois de France qui se succédé-
rent à cette époque ne s'immiscèrent de
faire opposition à ces négociations, ne doit-
on pas nécessairement en conclure qu'il
n'existe aucune connexité féodale entre la
France et la Navarre ?

Ferdinand voyant ses projets déjoués par
le refus de Jean d'Albret, « résolut de serrer
« de près le royaume de Navarre ; » aussi ne

tarda-t-il pas à faire naître des prétextes
pour agir d'une manière hostile.

Pour mieux assurer la réussite de ses desseins et justifier en quelque sorte la prise
de possession qu'il méditait, le roi de Castille sollicita et obtint du pape Jules II une
bulle datée du 18 février 1510, publiée se-
crètement au conclave des cardinaux à
Rome, par laquelle « le roi et la reine de
« Navarre étaient excommuniés, anathéma-
« tisés pour être partisans du roi de France
« (alors Louis XII était en guerre avec ce
« pape) et adhérant au concile de Pise :
« leur royaume et seigneuries, exposés en
« proie, et donnés au premier prince qui
« s'en rendra le maître. »

Cette bulle ne fut pas portée d'abord à la
connaissance de tous. Ferdinand pour en
faire usage, jugea devoir attendre que les
circonstances lui fussent favorables. Comme
les faits qui se rattachent aux combinaisons
politiques et militaires de ce prince, sont
plus particulièrement du domaine de l'histoire, comme ils n'ajoutent en rien à ces
moyens de preuve que l'on cherche à démontrer, on regarde superflu d'en rapporter les détails : seulement il faut faire con-

naître que Ferdinand ayant fait demander passage pour ses troupes sur les terres de Navarre, afin de pouvoir plus facilement opérer la jonction de son armée avec celle du pape et des puissances liguées contre le roi de France, Albret se refusa à l'accorder, il se retira en ses terres de France. Ce fut alors que le roi de Castille s'empara de la portion du royaume de Navarre, possédée encore aujourd'hui par l'Espagne.

Louis XII donna une armée au roi de Navarre pour l'aider à recouvrer ses Etats. Ce prince la réunit à ses troupes auxquelles s'étaient joints bon nombre de ses sujets. La guerre alors eut aussi lieu entre Ferdinand et d'Albret. Les succès, les revers se succédèrent. Plusieurs places furent attaquées, prises, reconquises. Après cette première campagne assez meurtrière, une trève fut « inopinément conclue entre Louis XII et « Ferdinand. Cette trève fut préjudiciable « au roi Jean d'Albret et à Catherine de « Navarre sa femme, lesquels demeuraient « dépouillés de leur royaume pour le sujet « du roi Louis douzième, duquel ils reçu- « rent la parole de faire ses efforts pour les y « réintégrer aussitôt que la trève expirerait. »

Louis XII mourut sans avoir réalisé sa promesse ; en lui fut éteinte la branche d'Orléans.

Albret frustré de ses espérances, se résolut à tenter de nouveau la voie des armes pour chercher à recouvrer ses Etats. Ce prince était au moment de commencer les hasards de son entreprise, lorsqu'il mourut l'an 1516. Ferdinand ne lui survécut que de six mois.

Alors l'Espagne eut Charles-Quint pour Souverain. La France était gouvernée par François Ier. Dans ces circonstances, la veuve de d'Albret, la reine Catherine, fit de nouveaux efforts pour recouvrer ses Etats, mais ils n'aboutirent qu'à la rendre témoin de la destruction de certains châteaux, et à voir démanteler les principales places de son royaume. Cependant une convention relative à la Navarre fut consentie par Charles-Quint.

Sur la demande de François Ier, ce prince promit : « que, dans six mois, pour toute « préfixion et délais, il rendrait paisible- « ment et d'amitié, à la reine Catherine et « à son fils Henri d'Albret, son royaume. « Ces conditions ne furent point mises à

« exécution, ce n'était que promesses la-
« biales. »

Ce manque de parole fit une telle impres-
sion sur la reine de Navarre, qu'en ayant
été informée, elle en mourut de chagrin
dans la ville de Mont-de-Marsant. Elle ordonna que son corps serait déposé à Lescar
en Béarn, auprès de celui de son époux,
pour l'un et l'autre être transportés à Sainte-
Marie de Pampelune, aussitôt que cette
place serait recouvrée.

Catherine eut pour successeur son fils
Henri. Au commencement de son règne, ce
prince parvint à recouvrer par la voie des
armes, la majeure partie du pays envahi;
mais une faute commise par le général Lau-
trec qui hasarda dans le pays ennemi une
pointe trop aventureuse, fit succéder les
revers aux succès : les Espagnols reprirent
facilement tout le pays momentanément
perdu.

Contraint à délaisser la plus grande partie de ses États au pouvoir du vainqueur,
le roi de Navarre lia son sort à la fortune
de François Ier. Dans la campagne d'Italie,
Henri fut au nombre des prisonniers faits à
la funeste bataille de Pavie.

Lors du traité de Madrid, qui fut la conséquence nécessaire de cette catastrophe, Charles-Quint voulut imposer au monarque français la condition de se porter fort d'obtenir de Henri la renonciation de ses droits au royaume de Navarre. La réponse de François fut, qu'il lui était impossible de consentir à des engagemens relatifs à un Souverain *dont la couronne était indépendante.*

Plus tard, l'an 1538, lorsque Charles-Quint traversa la France pour se rendre en Flandre, ce prince, frappé de toute la courtoisie avec laquelle il fut accueilli, « fit la « promesse de réintégrer Henri dans son « royaume de Navarre, ou de lui donner « des terres en dédommagement, jusqu'à « la concurrence et valeur de ce qu'il rete- « nait de la Navarre; mais Charles-Quint, « prince matois, promettait tout pour ne « rien tenir. »

Henri épousa, en 1538, Marguerite d'Angoulême, sœur de François Ier. Cette princesse était veuve de Charles, duc d'Alençon, mort quelques mois après la bataille de Pavie. Marguerite est la première de la mai-

son de France qui ait embrassé la doctrine
de Luther.

Pour dédommager son beau-frère le roi
de Navarre de la perte de ses Etats, François Ier lui abandonna toute la succession de
la maison d'Armagnac, et notamment le
Béarn, en toute souveraineté. Il est vrai,
dit de Thou, dans son Histoire universelle,
« que nos rois ont donné ce pays en toute
« souveraineté aux princes de la maison
« d'Albret, pour les récompenser de leur
« attachement et fidélité à la France, et les
« consoler de la perte de leur royaume de
« Navarre, dont ils n'ont conservé que six
« mariendars des vingt-deux qui forment
« l'étendue de cet Etat. »

Outre ces seigneuries, François donna les
duchés d'Alençon, de Berry, faisant retour
à la Couronne.

L'acte d'abandon contient cette clause :
« Ledit comté d'Armagnac *sera propre* aux
« descendans dudit mariage tant mâles que
« femelles ; ainsi vint ce beau comté en la
« maison des princes de Béarn, comte de
« Foix, seigneur d'Albret. » (Au rapport
de Marca, histoire de Béarn.)

Du mariage de Henri avec Marguerite,

naquirent quatre enfans ; une seule fille vécut. Cette princesse, nommée Jeanne d'Albret, devint reine de Navarre après la mort de son père.

Ce prince qui s'était retiré en Béarn, donna tous ses soins à améliorer l'état de ce pays ; il sut y encourager la culture des terres, embellit la ville de Pau, et fit construire à sa proximité un château remarquable par sa situation et les belles plantations de ses jardins, il fortifia Navarreins.

Avec le concours des États du pays en 1451, et par des ordonnances, il réforma *le fort d'Oléron*, c'est-à-dire la coutume de Béarn qui n'avait pas été retouchée depuis l'an 1288. Il ne fut apporté aucun empêchement à l'exercice de tous ces actes de souveraineté, ni par François 1er, ni par son fils, Henri second, qui lui avait succédé dès l'an 1547.

La reine de Navarre, Marguerite, mourut en 1548. A peu près un an avant sa mort, elle avait marié sa fille Jeanne, princesse héritière de Navarre, à Antoine de Bourbon, fils de Charles, prince de Bourbon, premier duc de Vendôme, et de Françoise d'Alençon.

Ce prince était frère de Louis de Bourbon, qui est le chef de la branche des Condé.

Les deux premiers enfans de Jeanne périrent malheureusement; l'un, pour avoir été constamment tenu dans un appartement trop chauffé, sa gouvernante disant toujours : « Quand les corneilles bâillent de « chaud, les enfans crient encore de froid. » Le second périt par l'imprudence de sa nourrice, qui, pour se jouer avec un gentilhomme, s'amusait à lui jeter et en recevoir l'enfant, d'une croisée à l'autre, en dehors.

Henri que le premier accident avait vivement touché, fut tellement affecté du second, qu'il exigea de sa fille, que, si elle devenait enceinte, en quelque lieu qu'elle fût, elle se rendrait en Béarn pour y faire ses couches, et que l'enfant lui serait remis au moment même de la naissance.

Jeanne devint grosse pendant un voyage qu'elle fit en France avec son époux. Alors elle partit « de Compiègne et se rendit au « près de son père. » A son arrivée, Henri lui montra une boîte en or qui renfermait son testament, et lui dit : « Celle-ci sera « tienne et ce qui est dedans, afin que tu ne

« me fasses une pleureuse ou un enfant
« rechigné, je te promets de te donner tout
« (une grosse chaîne en or entourait la
« boîte), à la charge qu'en enfantant tu
« me chanteras une chanson gascone ou
« béarnaise, et si, quand tu accoucheras,
« j'y veux être. »

Pour plus de sûreté d'être informé à
temps, Henri mit près de sa fille son vieux
valet de chambre le vieux Cotin, « auquel
« il commanda ne bouger jour et nuit d'au-
« près la princesse, et de venir l'avertir à
« quelle heure que ce fût, même serait-il
« dans son plus profond sommeil. »

Le 13 décembre 1553, entre minuit et
une heure, Jeanne cria au vieux Cotin d'aller vite prévenir son père; le roi averti des-
cendit aussitôt ; « la princesse l'ayant vu
« entrer dans sa chambre, commença de
« chanter ces mots, en langue béarnaise :
« *Nostre Donna deou cap deou pon, ad-*
« *jouda mi an aqueste houre* : Notre-Dame
« du bout du pont, aidez-moi à cette heure.
« Il y avait alors au bout du pont du Gave
« un oratoire dédié à la Vierge, à laquelle
« les femmes grosses se vouaient pour avoir
« heureux et bref accouchement. Henri, en

» chantant acheva la prière. » A peine était-
elle terminée, que Jeanne donna le jour à
ce prince de Navarre, premier roi de France
du sang des Bourbons.

Transporté de joie, d'Albret met au cou
de sa fille la chaîne, lui donne la boîte, lui
disant, voilà qui est à vous; puis, prenant le
nouveau-né dans sa grande robe, pour ce-
lui-là, ajoute-t-il, il est à moi. Il se fait ap-
porter une gousse d'ail, lui en frotte les
lèvres, et prenant sa coupe, lui met quelques gouttes de vin dans la bouche « que
l'enfant avala fort bien. »

Henri d'Albret, roi de Navarre, mourut
l'an 1554. Sa fille et son époux lui succédèrent. Ce fut ainsi que la Couronne de Navarre passa dans la maison de Bourbon;
après avoir été successivement dans celles
de Ximénès, de Champagne, de Valois, de
Foix, d'Albret. Antoine de Bourbon succéda
donc, de par sa femme, au royaume de Navarre. Par la même raison, il devint propriétaire des seigneuries de Béarn, d'Albret,
Foix, Armagnac, Bigorre.

A peine ce prince avait-il recueilli l'héritage du père de la reine Jeanne, que
Henri, roi de France, cédant à l'avis de son

conseil, lui fit proposer l'échange des pays de sa souveraineté, contre des terres et seigneuries situées en France. Pour éluder la proposition, Antoine de Bourbon objecta qu'il ne pouvait disposer des propres de sa femme sans son consentement. Jeanne, informée des intentions du monarque Français, n'hésita pas à déclarer ouvertement que jamais elle ne consentirait à aucun échange sans avoir préalablement consulté *les Etats de Navarre et ceux de Béarn*. Les Etats prononcèrent énergiquement leur intention de conserver leurs Souverains. Un mouvement de résistance eut lieu dans toutes les villes de ces deux pays, pour s'opposer aux vues du roi de France.

Ainsi, les Souverains de Navarre furent assurés de conserver leurs droits, sans qu'il fût plus question d'échange. Ayant fixé leur résidence à Pau, pour prouver leurs prérogatives ils firent battre monnaie *d'or et d'argent*, au millésime de 1555. Ces monnaies portèrent d'un côté, l'effigie d'Antoine et de Jeanne; et de l'autre, cette légende : *Antonius et Anna, d. g. reg. de Nav. d. Be. par la grâce de Dieu rois de Navarre et dominans en Béarn.*

Lorsque la trève qui avait été conclue avec Charles-Quint fut expirée, Antoine de Bourbon vint avec sa femme et son fils trouver le roi de France qui était dans la ville d'Amiens. Le petit prince de Navarre n'avait encore que cinq ans. Henri, en le voyant, fut d'abord charmé de son air éveillé, et l'approchant de la jeune princesse Marguerite, sa fille, il lui demanda s'i lvoulait être son gendre. Obé (oui bien) repartit vivement l'enfant béarnais. « Au moment « même, le roi très-chrétien, le roi et la « reine de Navarre accordèrent le projet « de mariage de Henri de Bourbon avec « Marguerite de France, plus âgée d'un an « et demi que son royal futur. » A cette occasion, Henri érigea en faveur d'Antoine de Bourbon, roi de Navarre, et de Jeanne d'Albret son épouse, le comté d'Albret en duché.

Cet accord fut consenti vers 1557, deux ans avant la mort du roi Henri second, qui eut lieu, par suite de la blessure que lui fit aussi malheureusement qu'involontairement Montgommeri, joutant contre lui dans un tournois. Ce prince qui, lors de la paix de Cambrai, n'avait pu servir en rien les intérêts du roi et de la reine de Navarre, eut pour successeur son fils aîné François II.

Dans ces circonstances, Antoine de Bourbon fit de nouvelles tentatives pour recouvrer ses États sur le roi d'Espagne Philippe II. A cet effet, ce prince renoua les intelligences qu'avait su former le feu roi Henri d'Albret; il déclara la guerre à son ennemi. Cette guerre, surnommée *la mouillée*, à cause des pluies continuelles qui firent périr une grande partie de l'armée, ne procura pas le résultat espéré : seulement elle contribua à confirmer cette vérité, que le roi de Navarre était indépendant, et qu'il pouvait, de son propre mouvement, saisir toutes les occasions qu'il jugeait les plus propres pour maintenir ou recouvrer ses droits.

On peut rapporter à cette époque le commencement des malheurs qui ont pesé sur la France jusque vers la fin du seizième siècle. Si la religion prétendue réformée fut la cause de leur origine, sous la ligue elle n'en fut plus que le prétexte.

François II ne régna qu'un an; le titre qui recommande le plus sa mémoire, c'est

d'avoir été l'époux de l'infortunée Marie
Stuart.

Son frère lui succéda sous le nom de
Charles IX. Le premier soin de ce prince
fut de resserrer encore les liens d'amitié
existans entre la France et la Navarre. Antoine de Bourbon combattant dans les rangs
de l'armée de France, fut blessé grièvement
au siége de Rouen. Ce prince voyant ap-
procher sa fin, prescrivit que son corps
serait transporté pour être inhumé dans ses
Etats. Il fut déposé à Vendôme.

Après la mort de son époux, la reine
Jeanne, prosélyte de la nouvelle religion,
et qui favorisait ouvertement ceux de cette
croyance, mit sous sa main une grande
quantité des biens de l'Eglise, situés en
Navarre et en Béarn. « Pour ces causes, le
« pape Pie IV lança, l'an 1563, une bulle
« monitoriale contre la reine de Navarre,
« portant injonction de comparaître à Rome
« dans les six mois, pour répondre et ren-
« dre raison de sa foi; faute de comparu-
« tion, déclare tous les biens de ladite reine
« acquis et donnés en proie au premier qui
« les occuperait et s'en rendrait le maître. »
Charles IX fit protester par son ambassa-

deur près le Saint-Siége contre cette bulle.
« Ce roi s'opposa vivement aux desseins du
« pape, lequel, en ce faisant, attentait mani-
« festement sur la puissance des princes
« chrétiens, ce à quoi il ne peut consentir,
« étant le tuteur des enfans mineurs de la
« reine de Navarre. »

Mais les rapports de bonne amitié et de
bon voisinage qui existaient entre les deux
Etats, durent cesser ; les Souverains de
France, de Navarre, se trouvèrent compro-
mis par la force des événemens.

L'an 1566, Jeanne se retira dans ses Etats ;
alors éclatèrent ces affreuses guerres civiles
et de religion. Charles IX, poussé par la fac-
tion des Guises, ordonna à son armée d'entrer dans la Basse-Navarre. Ce prince fit
saisir tous les biens possédés par Jeanne
d'Albret ou son fils, et situés en France.

Ce fut dans ces circonstances que Henri
commença à porter les armes. Ce prince
n'avait encore que quinze ans. Il fut d'a-
bord reconnu et proclamé chef des Huguenots ; son oncle, Louis de Bourbon, prince
de Condé, lui ayant cédé cet honneur. Le
corps de troupe des Huguenots prit le nom
d'armée des princes. « *Tout mandement de*

« *guerre ayant au front le nom de Henri,*
« *prince de Navarre.* »

La mère du prince se retira à La Rochelle, avec la princesse Catherine, sa fille. Cette reine fit alliance avec Elisabeth d'Angleterre. Pour parer aux frais de la guerre, et pouvoir secourir plus efficacement son pays de Béarn, elle lui fit demande d'argent. Pour garantie, elle donna « ses bagues, « joyaux, objets précieux. Elisabeth se con- « tenta de retenir, pour sûreté des sommes « qu'elle consentit à avancer, le grand col- « lier et *le grand rubis balais héréditaire à* « *la Maison de Navarre.* »

Les partis ennemis s'étant rapprochés, les pourparlers du mariage du prince de Navarre et de la princesse fille de France furent repris.

La reine Jeanne se rendit à Blois, où Charles et Catherine de Médicis la reçurent en toute magnificence. Le contrat de mariage de Marguerite, dernier rejeton des Valois, et de Henri, seul héritier de la branche aînée des Bourbons, fut signé en présence de tous les princes des deux familles.

La reine de Navarre ne vit pas consom-

tner le mariage de son fils, elle mourut à Paris, au mois de juin 1572. Lorsque Henri reçut la nouvelle de la mort de sa mère, il était à Chauné, en Poitou, au même lieu où il avait appris la mort de son père. Il fut à l'instant même proclamé roi de Navarre, et reconnu à ce titre par tous ceux dont il était environné. Ce prince se rendit à Paris, et au mois d'août, son mariage fut publié à la table de marbre du Palais, en ces termes :
« Entre très-haut, très-puissant prince,
« Henri, roi de Navarre, prince souverain
« de Béarn, duc de Vendôme, d'Albret et
« de Beaumont, comte de Foix, d'Arma-
« gnac et de Merles, etc., etc.; et très-excel-
« lente princesse, Madame Marguerite de
« France. »

La fin du règne de Charles IX, la durée de celui de Henri III (les deux derniers des princes du sang des Valois qui occupèrent le trône durant cent soixante ans), ne furent que des temps de lutte contre le pouvoir héréditaire. Cependant, leur successeur légitime est parvenu, par son droit de naissance, à la Couronne de France, l'an 1589, sous le titre de Henri IV.

Par cette analyse, dans laquelle on a dû suivre la succession des temps, il demeure démontré que depuis l'époque où le trône de Navarre a été possédé par des maisons d'origine française, les femmes y ont participé aux avantages du droit d'hérédité, tant pour l'avénement à la Couronne que pour la propriété des domaines qui y étaient attachés ou en relevaient.

La fille unique du chef de la famille des Bourbons, peut-elle être privée de ces avantages ; peut-elle être dépossédée par les dispositions des lois françaises? Pour prouver le contraire, pour convaincre les plus opposans, il devra suffire sans doute de rapporter des actes qui se rattachent aux règnes de Henri IV et de ses successeurs.

Comme prince de Navarre, et plus tard en qualité de propriétaire du trône de ce pays dont il prit possession sous le titre de Henri III, le fils d'Antoine de Bourbon et de Jeanne d'Albret, avait contracté des emprunts pour subvenir à des dépenses occasionées par la force des circonstances. Parvenu à la Couronne de France, les guerres que les ligueurs, et principalement les *Seize* de Paris lui suscitèrent, le mirent

dans la nécessité de contracter des engagemens, soit envers divers Souverains, soit
avec ceux de ses sujets qui, pour lui donner
des preuves de leur fidélité, avaient mis
toute leur fortune à sa disposition. Dans le
dessein de satisfaire à des engagemens con-
tractés dans l'intérêt des deux Couronnes,
Henri, roi de France et de Navarre, rendit,
en 1590 un édit pour opérer la vente d'une
portion de *ses propres domaines.* Les parlemens de Toulouse, de Guienne, les conseils de Navarre, de Béarn, enregistrèrent
sans motiver aucune réserve.

Lors de l'assemblée des Etats, tenue à
Rouen en 1596, les pays dépendans de la
souveraineté de Navarre, ne furent point
appelés à y nommer des députés.

Au mois de juin de l'an 1598, eut lieu la
paix de Vervins conclue avec Philippe II.
Par l'article 23 du traité. « *Le Roi très-chré-*
« *tien prend expressément le titre de Roi de*
« *Navarre, afin de lui réserver ses droits en*
« *ce royaume.* » Par l'article 24, il est con-
« senti par le Roi catholique, *lesquels droits*
« *néanmoins lesdits rois poursuivront par*
« *justice et à l'amiable, et non par armes.* »
Ce traité fournit une preuve irrécusable

que les intérêts des Couronnes de France,
et de Navarre, durent rester distincts, quoique les deux États fussent gouvernés par un
seul et même Souverain.

Philippe II., roi d'Espagne, mourut vers
la fin de 1598. Ce prince avait recommandé
à son fils, son successeur, *de restituer la
Navarre aux héritiers de Jean et de Jeanne
d'Albret.* « Ce royaume (dit Mariana, avait
« été usurpé par Ferdinand le catholique,
« sous prétexte d'une prétendue concession
« du pape, à cause d'hugotisme. Philippe II
« inséra dans son testament une clause qui
« empêcha l'effet de ses bonnes intentions,
« et frustra les héritiers légitimes de la res-
« titution qu'il voulait leur faire. Supposé,
« dit ce prince moribond, que cette resti-
« tution ne préjudicie pas à la sûreté de la
« religion catholique et au repos de la Cas-
« tille. »

Le 15 février 1599, Henri IV, par l'article
30 de son Edit de Nantes, publié à Paris
sous cette date, établit dans divers parlemens de son royaume de France, « une
« Chambre intitulée *la Chambre de l'Édit*,
« destinée spécialement à connaître des

« causes et procès de ceux de la religion
« prétendue réformée.

« Pour cette juridiction, la Normandie,
« la Bretagne ressortent de la Chambre du
« parlement de Paris. Par l'article 33, la
« Bourgogne a le choix de celle de Paris ou
« du Dauphiné, à laquelle est subordonnée
« la Provence. L'article 34 porte : Toutes
« lesdites Chambres composées comme dit
« est, connaîtront et jugeront en souverai-
« neté et dernier ressort par appel, priva-
« tivement à toutes autres. Le Béarn, la
« Navarre, ne sont assujétis à aucune de ces
« juridictions établies pour le royaume de
« France. Par la volonté de leur Souverain,
« ces pays continuent à jouir des préroga-
« tives de leurs priviléges spéciaux. »

En 1607, Marie de Médicis accoucha d'un
prince. « Les cieux donnèrent un second
« fils à la France; il reçut le titre de duc
« d'Orléans. »

Dans cette circonstance, le roi rendit un
édit de très-notable importance, et en opposition à celui donné en 1590, pour la
vente de ses domaines particuliers. « Sur les
« conclusions de Jacques Laguelle, procu-
« reur général au parlement de Paris, op-

« posant et se rendant partie pour l'intérêt
« de la Couronne, avec laquelle les rois de
« France contractent une espèce de mariage
« saint et politique, Sa Majesté changeant
« de volonté, déclare (sous la date du mois
« de juillet 1607) : *que sa volonté est, que*
« *tout son domaine particulier, demeure à*
« *perpétuité réuni, incorporé à la Couronne*
« *de France.*

La vérification de cet édit fut consentie
sans difficulté par tous les parlemens du
royaume.

« Par ce moyen, revinrent à la Couronne,
« les *duchés de Vendôme et d'Albret; les*
« *comtés de Foix, Armagnac, Bigorre,*
« *Aure, Marle, Beaumont et la Ferre,* les
« vicomtés *de Limoges, Bruillez, Marsan,*
« *Tursan, Gauardan* et autres terres et
« seigneuries. La principauté de Béarn,
« arrière-fief mouvant du duché d'Aqui-
« taine, ne fût pas incorporée, Sa Majesté
« ayant voulu le retenir séparé. »

On trouve dans ces mêmes conclusions
du procureur général Jacques Laguelle, la
preuve que le royaume de Navarre *ne doit*
et ne peut être réuni, annexé à la Couronne
de France. Dans son réquisitoire, ce magis-

trat rapporte la déclaration de Philippe-le-Long, qui prononce la réunion au domaine de la Couronne, seulement de tous les biens situés en France, qu'il possédait avant d'être roi : *Omnes terræ nostræ in regno Franciæ existentes.* Il cite ce qui se passa sous Philippe de Valois, où, « sur la demande des « trois Etats de Navarre pour le retour de « leur reine, » ce roi *qui tenait la Navarre*, *leva la main de dessus.*

Louis XIII succéda à Henri IV, l'an 1610, aux droits de son père, il devint alors roi de France et de Navarre. A son avénement, les domaines des deux Couronnes demeurèrent distincts et séparés.

En 1614, les Etats généraux du royaume ayant été convoqués par mandement de la reine régente, la Navarre ni le Béarn n'y députèrent. « Le roi régla ainsi le rang par « province. *Paris, île de France*, puis *Bour-* « *gogne, Normandie, Guyenne, Bretagne,* « *Champagne, Languedoc, Picardie, Dau-* « *phiné, Provence, Lyonnais,* sous lequel « seront les pays et bailliages *d'Auvergne,* « *Bourbonnais, Foréts, Beaujolais, la Haute* « *et Basse-Marche, Saint-Pierre-le-Moustier,* « *Nivernais et pays d'Auxois, annexé au*

« *Nivernais* sous le douzième desdits gou-
« vernemens qui est celui d'Orléans, le roi
« veut et ordonne que s'assemblent désor-
« mais les pays et sénéchaussées de *Poitou*,
« *Anjou*, *Touraine*, *Angoumois*, *Amboise*,
« *Blois*, *Chartres*, *le Maine*, *le Perche*, *Ven-*
« *domois*, *pays d'Aunois*, *la ville et gou-*
« *vernement de La Rochelle.* »

Lorsque cet édit de règlement fut fait au
conseil du roi, ce prince occupait le trône
depuis quatre ans. Cependant la Navarre, le
Béarn, n'y figurent point; le dénombre-
ment établi pour chaque gouvernement le
prouve. Ces deux pays n'y sont annexés à
aucun autre. S'ils eussent été susceptibles
de faire retour à la Couronne, ce retour
n'aurait-il pas alors dû avoir été opéré ?
L'ordonnance des domaines rendue par
François Ier, en 1534 (ordonnance qui était
en vigueur à l'époque de Louis XIII), porte
cette disposition formelle : « La réunion à la
« Couronne du domaine du prince qui par-
« vient à la Couronne, a lieu au moment
« même de son avénement. »

Lors des conférences qui eurent lieu à
Arrénégui, entre les commissaires de
Louis XIII et ceux de Philippe III, pour

mettre fin aux contestations hostiles qui s'étaient élevées entre les habitans du pays de Bagorri et ceux des Aduldes, au sujet de la possession de certains cantons, le traité de Madrid qui s'ensuivit et eut lieu en 1616, fut conclu et consenti seulement entre les Couronnes de Navarre et d'Espagne.

Le premier édit de réunion de la Navarre et du Béarn à la Couronne de France fut rendu au mois d'octobre 1620. Cet acte du pouvoir souverain n'eut pas pour motif de se conformer aux dispositions des lois qui régissent les domaines réputés *terres saliques;* la mesure fut adoptée, comme un moyen réclamé par la force des circonstances.

Depuis l'année 1618, époque à laquelle le clergé de Béarn avait obtenu main-levée pour la remise de ses biens confisqués sous le règne de la reine Jeanne, ce pays et la Navarre étaient dans un état de fermentation considérable. Le parlement de Pau se refusait à l'enregistrement de l'édit de main-levée. Le nombre des mécontens formé de ceux qui suivaient la religion prétendue réformée, s'augmentait chaque jour. Une réunion de ceux de cette confession, d'abord tenue à Orthès, avait été convertie en une. assemblée générale transférée à La Rochelle. Le parlement de Paris avait dû rendre un arrêt contre cette assemblée, qui, par sa principale demande, insistait pour la réunion des consistoires de France à celui de Béarn.

Cette assemblée dut se séparer, mais Du-cros, son président, vint à Paris ; il était por-teur des instructions et délibérations des opposans ; il y arriva au mois de mars 1619. « Des propositions qu'il fit, la somme était « qu'il plût à Sa Majesté, prévenir les plaintes « de ses sujets de la religion prétendue ré-« formée, par l'exécution de choses pro-« mises, et satisfactions de leurs griefs tant « de fois représentés. »

Au retour du voyage de Ducros, eut lieu l'assemblée de Loudun. Les choses furent portées si loin, que le roi dut lui enjoindre de se séparer, et déclarer ses députés cri-minels de lèse-majesté.

Les événemens s'aggravèrent à tel point, que Louis XIII jugea devoir entreprendre un voyage en Guyenne, pour se tenir plus à proximité du Béarn. Duplessis Mornay rapporte ainsi ce qui se passa dans ces cir-constances.

« Souvent a été parlé de l'affaire du Béarn
« et de la peine que M. Duplessis avait prise
« de l'accommoder, tant vers le roi, que
« vers ceux du pays. Le roi donc partit de
« Poitiers, s'achemina en Guyenne, prenant
« sujet de faire restituer *Leyctoure* à ceux
« de la religion d'une part, et de l'autre, de
« faire obéir *sa main-levée* en Béarn. Mor-
« nay insistait pour que chaques choses se
« fissent en ordre; mais le roi ne fut sitôt
« à Bordeaux que les Béarnais furent pressés
« d'obéir, et la Cour du parlement de Pau,
« de procéder à une vérification absolue;
« ceux du conseil de Sa Majesté, voulant
« employer l'occasion de sa personne ou
« proximité, sans avoir égard à l'ordre sus-
« dit, quelque remontrance que les Béar-
« nais attachés à la lettre fissent au con-
« traire. Cela fut cause que le roi, impatient
« de retourner à Paris, et non moins les
« courtisans que lui, porté aussi par M. le
« garde des sceaux (Albert de Luyne), auteur
« de cette main-levée, se résolut d'y aller
« en personne. A deux journées près il fut
« rencontré par le parlement qui lui pré-
« senta ladite *main-levée* absolument véri-
« fiée; et le roi semblait s'en vouloir con-

« tenter, *sans rien altérer, ni aux conditions*
« *auparavant offertes, ni en l'état du pays.*
« Mais, reçu qu'il eût été à Pau, le 5 octo-
« bre, le 15 il s'achemina à Navarreins, seule
« place forte et gardée dans ce pays, de la-
« quelle, en signe d'obéissance, le sieur de
« Salles, gouverneur, fit sortir la garnison ;
« tout le peuple, au reste, se répandant au-
« devant du roi par le chemin ; là où néan-
« moins Sa Majesté fut déconseillée de dé-
« posséder ledit sieur, pour y établir avec
« une forte garnison, le sieur de Prégane,
« de religion contraire. De là en avant, re-
« tourné à Pau, y tint sommairement les
« Etats du pays, *réunit la souveraineté de*
« *Béarn et la Navarre à la Couronne de*
« *France*, les réduit par conséquent, en ce
« qui était de l'exercice de la religion à la
« loi du royaume, savoir *l'Edit de Nantes* (1).
« Ce fut ainsi, par l'obstination des Béarnais.
« Lesdits de Béarn auraient pu éviter leur
« malheur, en ployant de bonne heure sous

-----

(1) On aurait pu ajouter d'autres citations tirées du
même auteur, mais comme elles n'ont pas un rapport
direct à l'Histoire des événemens du Béarn, on a cru
inutile d'en faire mention.

« le respect dû à Sa Majesté, et déférant
« aux conseils de leurs amis; cette procé-
« dure faisait tort à la parole sacrée de Sa
« Majesté. »

Il serait superflu de rapporter ou de citer
textuellement les édits et arrêts qui, à cette
époque, émanèrent de l'autorité royale. La
majeure partie est en langue béarnaise, particulièrement celui de la réunion à la Couronne, et celui pour l'entrée des évêques
établis au conseil.

Ces arrêts, édits, signés du roi, sont
contresignés de Loménie, *avec las et cachets
de cire verte*; et pour la vérification, ils
portent la signature de Cazenauve.

Les Persans, on nomme ainsi les colonels
de la milice dudit pays « qui revient jusqu'au
« nombre de huit mille hommes armés, et qui
« avaient pouvoir de s'assembler sans avoir
« commission du roi, furent supprimés. »

Assurément, dans les dispositions qui
précédèrent ou furent la suite des mesures
mises alors à exécution par le roi, il est
facile de reconnaître un dessein formé pour
parer à la guerre civile; mais on ne peut y
voir une résolution prescrite par les lois
relatives au domaine de la Couronne.

Dans son Traité des droits du Roi sur plusieurs Etats et seigneuries, Dupuis s'exprime ainsi au sujet du Béarn : « Louis XIII, par « édit, unit et incorpora la Couronne et pays « de Navarre, le pays et souveraineté du « Béarn, Andor et Donnizan, à la Couronne « de France, réunit les officiers de la chan- « cellerie de Saint-Palais, au conseil de Pau, « ce qui fut confirmé par un autre édit de « 1624 et un arrêt du conseil d'Etat rendu en « la même année. Il ajoute : La principauté « de Béarn appartenait au roi, qui la reçut « en souveraineté comme ses prédécesseurs, « *quoiqu'il y ait contestation contraire.* »

L'objet de la contestation se rapporte nécessairement au régime des droits successifs à la Couronne de Navarre, droits que Louis XIII ne pouvait annuler. « Un « Etat libre et souverain n'est, dans aucun « cas, considéré comme un domaine, et la « loi salique ne peut s'étendre sur les na- « tions étrangères. » L'édit rendu à Pau pouvait être révoqué par son auteur, il ne fut de sa nature qu'un acte de plein pouvoir. Ces actes ne sont jamais obligatoires pour les successeurs ; s'ils les laissent avoir force, c'est de leur gré seulement. S'il en était au-

trement, la première prérogative de la souveraineté serait muable, ce qui n'est pas.
C'est d'après ce principe que les monarques
ne peuvent changer les lois fondamentales
des Etats qu'ils gouvernent. Tel le trône
leur est laissé, quel ils doivent le trans-
mettre.

Actuellement encore, les droits de l'héritière au trône de Navarre, sont aussi fondés que le furent ceux des autres femmes
qui y parvinrent; et la fille de Louis XVI doit
posséder cette Couronne, parce que la fille
de Louis Hutin l'a portée *jure sanguinis.*

Pour que les dispositions principales
d'une loi constituante soient réputées irré-
vocablement annulées, il faut nécessairement qu'une décision légale en ait prononcé
l'abrogation en termes explicites.

Ce principe est du droit étroit. Il se suit
à la rigueur dans les traités de peuple à Souverain, dans ceux de Souverain à peuple.
On le trouve observé dans les divers actes
qui furent stipulés lors de la réunion de
telles ou telles provinces à la Couronne de
France.

Pour opérer la réunion du duché de Normandie sous Philippe-Auguste, l'an 1204 :

« Les trois Etats de la province se remet-
« tent sous l'obéissance du roi de France,
« leur souverain seigneur, en tant que le
« duché de Normandie était nuement tenu
« de la Couronne de France, et qu'ancien-
« nement en était partie au temps du duc
« Rou.

« Philippe, roi de France, promet, jure
« de garder tout le duché de Normandie en
« franchise et liberté, comme il était pré-
« cédent, et telle coutume que le roi Richard
« (d'Angleterre) avait mentionnée aupara-
« vant. »

Ces déclarations, réciproquement consenties, formèrent dans la suite les bases de
cette Chartre donnée aux Normands par
Louis Hutin, en 1314. Alors ce prince était
roi de France et de Navarre.

On reconnaît par cet exemple, que l'acte
synallagmatique et primitif pour la réunion
de cette province, est demeuré le fondement des dispositions subséquentes qui ont
pu la concerner.

Pour la donation du Dauphiné, faite par
Humbert II, en 1349, à Philippe de Valois,
il fut stipulé : « Les intérêts généraux de
« cette principauté devront rester claire-

« ment distincts de ceux du royaume; le
« droit de porter le titre de Dauphin ne
« peut appartenir qu'au fils aîné du roi de
« France. »

D'après cet acte, le prince possesseur
conféra le droit de prendre le titre de la
principauté, aux conditions que le pays et
les peuples conserveraient leurs franchises.
Dans le siècle dernier, cette province était
encore en jouissance de ses principaux
avantages; et si, à plusieurs époques, elle
s'était vue sans dauphin, aucune circonstance n'avait été contraire à ses intérêts;
les prérogatives des États du pays avaient
été constamment reconnues.

Aux termes de la donation faite par
Charles, comte de Provence, en 1481, en
faveur de Louis XI, ce prince donateur,
par une clause spéciale, « institua pour hé-
« ritier universel de tous ses États, le roi
« alors régnant, après lui son fils et leurs
« successeurs rois de France. Cette condi-
« tion expresse fut explicitement insérée
« dans l'acte, aussi n'a-t-elle pas cessé d'être
« considérée comme essentiellement obli-
« gatoire : et actuellement encore la Pro-
« vence ne pourrait être détachée de la

« Couronne par un traité conclu de puissance
« à puissance, et de la volonté immédiate
« du Souverain. »

La convention consentie en 1531 pour la
réunion de la Bretagne, porte en substance :
« Les trois Etats du pays et duché de Bre-
« tagne, ont requis l'union dudit pays et
« duché avec la Couronne de France aux
« conditions, et sous la promesse donnée
« par le roi (François Ier s'engageant en
« qualité d'usufruitier et administrateur des
« biens du prince son fils) d'entretenir les
« habitans en leurs priviléges et en leurs
« libertés anciennes. »

Lorsque ce duché dut être irrévocable-
ment uni au corps du royaume; comme le
roi n'en était en possession que du chef de
Claude de Bretagne son épouse, morte en
1524, à qui ce domaine avait appartenu en
sa qualité de fille et héritière d'Anne de
Bretagne; François jugea devoir en déclarer
et faire reconnaître duc, le Dauphin, son
fils aîné, comme succédant aux droits de
sa mère. Ce prince fut, en cette qualité,
couronné à Rennes, le 14 août 1532.

Ces différens exemples, aident à former

des objets de comparaison avec la mesure de Louis XIII.

Tous ces actes de donations, ces traités de réunions sont complets dans leurs dispositions. Les parties intéressées, princes et peuples, ont concouru à en régler les fins, ils ont été revêtus d'une sanction unanime. Pour leur donner toute la force nécessaire, on n'a pas été dans l'obligation d'y ajouter par des édits postérieurs, ni d'avoir recours à des arrêts subséquens du conseil.

On peut donc de ces faits irrécusables, tirer cette juste conséquence :

Pour que l'ancienne loi qui a établi le système d'hérédité pour la possession du trône de Navarre, eût été réellement annulée, pour qu'elle puisse être réputée telle, il aurait fallu faire mention dans l'acte de réunion, de la clause d'après laquelle les femmes eussent été déclarées déchues de la prérogative de pouvoir succéder à cette Couronne. Cette disposition formelle ne se trouve rapportée dans aucuns documens historiques. Louis XIII ne l'a point prononcée.

Il faut bien le reconnaître, la réunion du royaume de Navarre, de la seigneurie souveraine du Béarn à la Couronne de France, n'a point été régulièrement déterminée ni opérée. Les États du pays n'ont pu émettre librement leur vote, le parlement (conseil) de Pau n'a pas juridiquement consenti à souscrire l'enregistrement de l'ordonnance. Seulement par soumission, d'après jussion de fait et sous la contrainte d'une force militaire, il a reconnu la volonté du monarque, et fait preuve d'obéissance.

Ce passage historique, tiré *du Précis du siècle courant,* donne encore plus de pied à la déclaration de Mornay sur ce sujet.

« Louis XIII, parti de Bordeaux dans le
« courant de septembre 1620, pour aller
« en Béarn, arrive à Pau le 15 octobre.
« Deux jours après, s'en va à Navarreins qui
« est à sept lieues de Béarn, et y fait célé-
« brer la messe le jour de Saint-Luc, ce qui
« réjouit d'autant plus les catholiques qu'il
« y avait cinquante ans qu'elle n'avait point
« été célébrée dans cette place. Le roi re-
« vient à Pau, rétablit les ecclésiastiques et
« les abbés dans le conseil de Pau pour y
« avoir séance et voix délibérative, remet les
« ecclésiastiques en possession de la grande
« église de cette ville, *et réunit le Béarn et*

« *la Basse - Navarre à la Couronne de*
« *France.* Supprime les *persans* ou capi-
« taines de la gendarmerie du Béarn. Sa
« Majesté laisse de bonnes garnisons dans le
« pays, revient à Bordeaux et retourne en
« poste à Paris. »

Ainsi, dans cette mesure, tout démontre
les moyens employés pour opérer une exécution militaire, mais rien n'indique qu'une
loi ait abrogé la souveraineté de Navarre et
le droit de succéder au trône.

Si ces ordonnances de réunion rendues
par Louis XIII, n'ont point prononcé que
les femmes seraient déchues de la faculté de
parvenir à la Couronne de Navarre, comment pourrait-on établir que MADAME DE
FRANCE, seule et unique héritière de
Louis XVI en ligne directe, doit être frus-
trée de cette prérogative.

Pour consommer une usurpation, préten-
drait-on se prévaloir de cette décision du
7 août 1830, qui porte : « Le trône est va-
« cant en fait et en droit, il est indispen-
« sable d'y pourvoir. » Soutiendrait-on que
la mesure de déchéance prononcée contre
la branche aînée des Bourbons, est prise à
l'égard de tous ses membres sans distinction

de sexe. Pourrait-on considérer cette déclaration comme suffisante, parce que des
députés du Béarn, et de la Basse-Navarre,
y ont adhéré par leur libre participation ?
Ces allégations ne seraient pas des raisons
péremptoires : il resterait à prouver comment, par une seule délibération, il aurait
pu s'être agi d'annuler des droits non iden-
tiques.

Différens actes administratifs du règne de
Louis XIII, postérieurs à celui de la réunion, contribuent puissamment à démontrer que la volonté de ce monarque fut
toujours de maintenir la souveraineté du
Béarn distincte de celle de France.

Dans le cahier général de ceux de la religion prétendue réformée, présenté au roi
par leurs députés à Fontainebleau, en 1625;
parmi les divers articles de demandes, il
s'en trouve un relatif au Béarn. Il est ainsi
conçu : « Qu'il plaise à Votre Majesté, or-
« donner que les deniers accordés *à vos*
« *sujets* de Béarn pour le remplacement des
« biens ecclésiastiques, leur seront entière-
« ment payés, sans aucune diminution ni
« retranchement. » Sur cet objet, le prince
prononce : « Il sera pareillement pourvu par

« le roi au paiement des deniers *accordés*
« *en particulier à ses sujets de Béarn*, sans
« aucun retranchement ni diminution. »

Urbain VIII, ayant omis le titre de roi de
Navarre dans une lettre qu'il écrivit au roi
de France en 1623, « S. M. refusa de la
« recevoir avant que le Pape eût suppléé
« le titre; elle donna ordre de la renvoyer. »
Plus tard, sous le ministère du cardinal Richelieu, Urbain suppléa le titre qu'il avait
omis.

Un fait qui se rapporte à ces temps peut
être cité comme une particularité assez remarquable. Ce fut à peu près à cette même
époque que Louis XIII érigea en faveur du
cardinal, la seigneurie de Richelieu en du-
ché-pairie, avec extension *pour ses héritiers
mâles et femelles.*

Ce ne fut qu'en l'an 1638 que, par une
ordonnance rendue à Monceau, Louis XIII
fit comprendre dans les mêmes états de
compte, le revenu de son domaine de Navarre avec celui du domaine de la Couronne
de France. « Disons, déclarons et ordon-
» nons que l'office de notre conseiller,
» notre secrétaire de notre Maison et Cou-
» ronne de Navarre, qui s'exerçait en notre

» conseil ci-devant établi près la personne
« du gouverneur et lieutenant- général au-
« dit royaume et souveraineté de Béarn,
« sera muni et incorporé de la Maison et
« Couronne de France. »

Dans les différens traités de paix conclus
avec l'Espagne, soit par Louis XIII., soit
par Louis XIV, les droits relatifs à la succession de la Couronne de Navarre ont été
très - explicitement réservés ainsi qu'au
traité de Vervins. Par celui des Pyrénées,
de 1656, dont le mariage de Louis XIV
avec l'infante d'Espagne fut une des pre-
mières conditions ; les articles 23 et 24 du
traité conclu sous Henri IV sont très-expres-
sément conservés. Ces conditions furent
encore retenues lors du traité d'Aix-la-Cha-
pelle en 1668.

Dans un édit portant règlement général
sur les différends survenus entre le parlement de Pau, le clergé de Béarn et les sujets
de Sa Majesté de la religion prétendue réformée dudit pays, rendu sous la date du
mois de novembre 1669, on trouve ce dis-
positif : « Nous avons jugé à propos de ren-
« voyer les différends survenus entre notre
« parlement de Pau, le clergé de Béarn et

« nosdits sujets de la religion prétendue
« réformée dudit pays, à notre cher et bien
« aimé cousin, le duc de Grammont, pair
« et maréchal de France, gouverneur, *et*
« *notre lieutenant-général en notre royaume*
« *de Navarre et province de Béarn.* »

Louis XIV ne jugeait pas alors que le
royaume de Navarre fût réuni à la Couronne de France.

En faisant mention du traité des Pyrénées
pour ce qui a rapport à la Couronne de Navarre, on est amené à y joindre une observation : la proposition présentée par
M. Baude à la Chambre des Députés dans
la session de 1830, la motive.

Le dernier des Condé, ce prince dont la
France redoute de connaître le genre de
mort, a nommé par son testament authen-
tique, pour son héritier et légataire universel, un prince qui appartient à la ligne collatérale des Bourbons.

Aux termes du traité des Pyrénées, cette
disposition est vicieuse, au moins en ce
qu'elle décide de la possession du duché de
Bourbon. Ou ce duché doit revenir à la
branche aînée, aux héritiers de la famille
royale, ou il doit faire retour à la Couronne.

« Les fiefs de Bigorre, de Foix, d'Albret,
« sont fiefs de la Couronne de France. »

Lorsque Louis XIII se rendit maître de la
principauté de Sedan, en 1642, parmi les
domaines dont ce monarque fit cession à la
Maison de Bouillon, fut compris le duché
d'Albret. Depuis, ce duché passa dans la
la Maison de Condé. Louis II, prince de
Condé en était possesseur lorsque le roi
(Louis XIV) le mit sous sa main par voie
de séquestre motivé, et plus tard en dis-
posa.

Par un article particulier du traité des
Pyrénées, il est stipulé : le prince de Condé
rentrera dans ses droits ; « à l'égard du do-
« maine d'Albret dont ledit sieur prince
« jouissait avant sa sortie de France, et du-
« quel Sa Majesté a, depuis, disposé autre-
« ment, elle donne audit sieur prince, le
« domaine du Bourbonnais, aux conditions
« que l'échange dudit domaine avait déjà
« été adopté avant que ledit sieur prince
« sortît du royaume. » (Rapporté par Du-
mont).

Une disposition testamentaire peut-elle
être suffisante pour annuler une stipulation
expresse consignée dans un traité ? Aussi

long-temps que la possession reste subsis-
tante et conditionnelle, la faculté de trans-
mission se trouve neutralisée.

Si, depuis le règne de Henri IV, la Couronne de Navarre a été assujétie au même
régime d'hérédité que la Couronne de
France, c'est que la branche aînée de la
famille royale, n'est pas tombée de lance en
quenouille, c'est que toujours le droit de
succéder a été assuré, et qu'il a été exercé
par un prince appartenant à la ligne directe
et non collatérale, jusqu'à Louis XVI.

Sans chercher à envisager quel avenir
contemple la France ; sans s'attacher à donner une interprétation à ces paroles du
prince qui tient les rênes de l'Etat : « Je n'ai
« consenti à occuper le trône, que pour
« sauver mon pays de l'anarchie, aucun
« motif d'ambition ne m'a guidé ; » sans
attribuer à la force des circonstances, ou
admettre comme irrévocable cet arrêt de
déchéance indéfinie, relaté dans les dis-
cours de la Couronne, et itérativement
prononcé sous ces voûtes où plane l'ombre
indélébile de Louis XVI ; sans se hasarder
à aborder cette question aussi probléma-
tique qu'épineuse, de la souveraineté du

peuple; considérant seulement la loi de succession au trône de France, d'après son empire actuel, on peut avancer qu'il existe une cause positive, une raison insurmontable, qui s'opposent à ce que la Couronne de Navarre soit encore considérée comme étant réunie à la Couronne de France. Pour prouver à quel point cette assertion est fondée, il suffit de rapporter les actes des renonciations consenties à l'oceasion de la succession d'Espagne.

Les déclarations, produites en 1712 par Louis XIV, par Philippe V, et par le duc d'Orléans, par ce prince qui se justifia d'une manière si noble, des imputations aussi graves qu'outrageantes à son honneur, dirigées contre lui, lorsque, par des causes indéfinissables, trois générations des dauphins de France descendirent inopinément dans la tombe, et s'y succédèrent en moins de deux ans, sont des monumens irrécusables.

Qu'opposer à l'acte de renonciation de ce duc d'Orléans, qui, nommé régent du royaume, d'après le vœu de Louis XIV, sut préserver le dernier rejeton de la famille royale, et du fer des Séïdes de Jean-Mariana, et des trames des anciens et impla-

cables frondeurs, et des menées des partisans des systèmes du baron d'Olbac.

Extrait de la déclaration de Louis XIV:
« Louis, ... d'après les événemens dont
« Dieu s'est servi, plutôt pour nous éprou-
« ver que pour nous perdre, ... après
« plusieurs négociations, nous convînmes,
« avec notredite sœur, la reine de la Grande-
« Bretagne, de proposer au roi d'Espagne
« d'autres Etats, inférieurs à la vérité à ceux
« qu'il possède, mais dont la considération
« s'accroîtrait d'autant plus sous son règne,
« que, conservant ses droits en ce cas, il
« unirait à notre Couronne une partie de
« ces mêmes Etats, s'il parvenait un jour à
« notre succession. »

« Nous employâmes donc les raisons les
« plus fortes pour lui persuader d'accepter
« cette alternative; nous lui fîmes connaître
« que le devoir de sa naissance était le pre-
« mier qu'il dût consulter. Qu'il se devait
« à sa Maison et à sa patrie, avant que d'être
« redevable à l'Espagne; que s'il manquait à
« ses premiers engagemens, il regretterait
« peut-être un jour inutilement d'avoir
« abandonné des droits qu'il ne serait plus
« en état de se retenir.

« Nous ajoutâmes à ces raisons, les mo-
« tifs d'amitié, de tendresse, que nous crû-
« mes capables de le toucher. Le plaisir que
« nous aurions de le voir de temps en temps
« auprès de nous. Nous pouvions nous le
« promettre du voisinage des Etats qu'on
« lui offrait. La satisfaction de l'instruire
« nous-même de nos affaires, et de nous
« reposer sur lui pour l'avenir. Que si cet
« enfant (le duc d'Anjou), si précieux à
« nous et à nos sujets nous était en-
« core enlevé, nous aurions au moins la
« consolation de laisser à nos peuples, un
« roi vertueux, propre à les gouverner, et
« qui réunirait encore à notre Couronne des
« Etats très-considérables.

« Nos instances réitérées avec toute la
« force et la tendresse nécessaire pour per-
« suader un fils, les efforts que nous avons
« faits pour le conserver à la France, n'ont
« produit que des refus réitérés de sa part
« d'abandonner jamais des sujets braves et
« fidèles, dont le zèle pour lui s'était dis-
« tingué dans les conjonctures où son trône
« avait paru le plus ébranlé..... Il a déclaré
« dans l'assemblée des Etats du royaume
« d'Espagne, convoqués pour cet effet à

« Madrid, que pour parvenir à la paix gé-
« nérale, et assurer la tranquillité de l'Eu-
« rope par l'équilibre des puissances, il
« renonçait de son propre mouvement,
« de sa volonté libre et sans aucune con-
« trainte, pour lui, pour ses héritiers et
« successeurs pour toujours et à jamais, à
« toutes prétentions, droits et titres, que
« lui ou aucuns de ses descendans aient dès
« à présent ou puissent avoir en quelque
« temps que ce soit à l'avenir à la succes-
« sion de *notre Couronne*; qu'il s'en tenait
« pour exclus, lui, ses enfans, héritiers et
« descendans à perpétuité.

« Qu'il consentait pour lui et pour eux,
« que dès à présent comme alors, son droit
« et celui de ses descendans passât et fût
« transféré à celui des princes *que la loi de*
« *succession et l'ordre de la naissance* ap-
« pelle ou appellera à hériter de notre Cou-
« ronne, au défaut de notredit frère et
« petit-fils le roi d'Espagne et de ses des-
« cendans, ainsi qu'il est plus amplement
« spécifié par l'acte de renonciation admis
« par les Etats de son royaume. En consé-
« quence, il a déclaré qu'il se désistait spé-
« cialement du droit qui a pu être ajouté à

« celui de sa naissance, par nos lettres pa-
« tentes du mois de décembre 1700, par
« lesquelles nous avons déclaré que notre
« volonté était que le roi d'Espagne et ses
« descendans conservassent toujours les
« droits de leur naissance, ou de leur ori-
« gine, de la même manière que s'ils fai-
« saient leur résidence actuelle dans notre
« royaume, et de l'enregistrement qui a été
« fait de nosdites lettres patentes, tant dans
« notre cour de parlement, que dans notre
« chambre des comptes à Paris.

« Ainsi nous sacrifions aujourd'hui le
« droit d'un petit-fils qui nous est si cher;
« et par le prix que la paix générale coûtera
« à notre tendresse, nous aurons au moins
« la consolation de témoigner à nos sujets,
« qu'aux dépens de notre sang même, ils
« tiendront toujours la première place dans
« notre cœur.

« ..... Après avoir vu en notre conseil
« ledit acte de renonciation de notre très-
« cher et très-aimé frère et petit-fils le roi
« d'Espagne, aussi les actes que notredit
« petit-fils le duc de Berry, et notredit ne-
« veu le duc d'Orléans, ont fait réciproque-
« ment de leurs droits à la Couronne d'Es-

— 77 —

« pagne, tant pour eux que pour leurs des-
« cendans *mâles et femelles....*, de notre
« grâce spéciale, pleine puissance, nous
« avons admis et admettons lesdits actes, et
« mandons qu'ils soient enregistrés dans
« toutes nos cours de parlement et cham-
« bres des comptes de notre royaume. »

Extrait de l'acte de renonciation de Philippe V, donné le 5 novembre 1712.

« Dom Philippe, par la grâce de Dieu,
« roi de Castille, de Léon....., de Navarre.....

« Soit notoire et manifeste aux rois, prin-
« ces, potentats, républiques, communau-
« tés et personnes particulières qui sont, et
« qui seront dans les siècles à venir, que
« l'un des principaux fondemens des traités
« de paix à faire, entre les Couronnes d'Es-
« pagne et celle de France d'une part, et
« celle d'Angleterre de l'autre....., et pour
« parvenir à la paix générale, étant d'assu-
« rer pour toujours le bien universel et le
« repos de l'Europe, et d'établir un équi-
« libre entre les puissances.........

« Que pour éviter, en quelque temps que
« ce soit, l'union de cette monarchie à celle
« de la France ; et pour empêcher qu'elle ne
« puisse arriver en aucun cas, il se fit des

« renonciations réciproques pour moi et
« tous nos descendans à la monarchie de
« France, le cas avenant, et de la part des
« princes de France, et de toute leur lignée
« présente et à venir à la succession de la
« monarchie d'Espagne. Faisant réciproque-
« ment abdication volontaire de tous les
« droits que les deux Maisons royales d'Es-
« pagne et de France pourraient avoir de
« se succéder mutuellement. Séparant par
« les moyens justes de ma renonciation ma
« branche de la tige royale de France, toutes
« les branches de France de la tige du sang
« royal d'Espagne. »

Suivent les articles, qui stipulent les mo-
tifs, donnant lieu à la séparation des états
héréditaires de la Maison d'Autriche, du
corps de la monarchie espagnole. Les actes,
qui, à défaut de descendans de la famille
royale d'Espagne, désignent le duc de Savoie, à défaut, les princes descendant en
ligne masculine, directe ou collérale, de
cette Maison, seront appelés au trône d'Espagne. « En conséquence de ce qui est ci-
« dessus exposé, pour l'amour que j'ai pour
« les Espagnols, j'ai résolu d'abdiquer, pour
« moi et pour tous mes descendans, le

« droit de succéder à la Couronne de France ;
« désirant de vivre et de mourir avec mes
« aimés et fidèles Espagnols ; laissant à
« toute ma descendance le lien inséparable
« de leur fidélité et de leur amour. Ainsi,
« de ma libre, franche et pure volonté,
« moi, Dom Philippe, par la grâce de Dieu,
« roi de Castille, etc., etc....., je renonce
« par le présent acte, pour toujours et à
« jamais pour moi-même, et pour mes hé-
« ritiers et successeurs, à toutes préten-
« tions, droits et titres, que moi ou quel-
« ques autres de mes descendans que ce soit,
« aient dès à présent, ou puissent avoir en
« quelque temps que ce puisse être à l'ave-
« nir, à la succession de la Couronne de
« France..... Je veux et consens, pour moi,
« et mesdits descendans sans distinction de
« personne, de degrés, de sexe, que dès à
« présent comme alors, moi et mes des-
« cendans étant exclus, inhabiles et inca-
« pables, l'on regarde ce droit comme passé
« et transféré à *celui qui se trouvera suivre*
« *en degré immédiat au roi*, par la mort
« duquel la vacance arrivera, et auquel suc-
« cesseur immédiat, on déférera la succes-
« sion de la Couronne de France, en quel-

« que temps et en quelque cas que ce soit,
« afin qu'il l'ait et la possède comme légitime
« et véritable successeur ; de même que si
« moi et mes descendans n'eussions pas été
« nés, ni ne fussions pas au monde, parce
« que nous devons être tenus et réputés
« pour tels....... pour plus grande stabilité
« de l'acte d'abdication de tous les droits et
« titres qui m'appartiennent, et à tous mes
« enfans et descendans, à la succession de
« ladite Couronne de France, je me dé-
« pouille et désiste spécialement des droits
« qui pourraient m'appartenir, par les let-
« tres patentes ou actes par lesquels le roi
« mon grand-père, me conserve, me ré-
« serve, et habilite le droit de succession à
« la Couronne de France ; lesquelles lettres
« patentes furent données à Versailles au
« mois de décembre de l'année 1700, et en-
« registrées au parlement ; je veux qu'elles
« ne puissent servir de fondement pour les
« effets qui y sont prévus ; je les rejette et
« y renonce, je les regarde comme d'aucune
« valeur, comme cancellées, et comme si
« jamais elles n'avaient été données. »

Cette renonciation a été communiquée
aux Cortès, et approuvée par un acte so-
lennel eu 1712.

Extrait de la déclaration de Philippe, petit-fils de France, duc d'Orléans et de Valois, de Chartres et de Nemours.

« A tous rois, princes, républiques, po-
« tentats, communautés, et à toutes per-
« sonnes tant présentes que futures, faisons
« savoir par les présentes :

« Qu'il a été convenu par le roi, notre
« très-honoré seigneur et oncle, et par le
« roi catholique, notre très-cher neveu,
« que pour éviter en quelque temps que ce
« soit, l'union des Couronnes de France et
« d'Espagne, il serait fait des renonciations
« réciproques ; savoir : Par le roi catholique
« Philippe V, notre neveu, pour lui et pour
« tous ses descendans à la succession de la
« Couronne de France ; comme aussi par le
« duc de Berry, notre très-cher neveu, et
« par nous, pour nous et pour tous nos
« descendans, à la Couronne d'Espagne, à
« condition aussi que la Maison d'Autriche,
« ni aucun de ses descendans, ne pourront
« succéder à la Couronne d'Espagne..... Pour
« arriver à la fin qu'on se propose, et au
« moyen de ce que Sa Majesté catholique
« de sa part, fait sa renonciation ; nous

« consentons qu'au défaut de Philippe V,
« notre neveu, et ses descendans, la Cou-
« ronne d'Espagne passe à la Maison du duc
« de Savoie, dont les droits sont clairs et
« connus, d'autant qu'il descend de l'infante
« Catherine, fille de Philippe II, et qu'il est
« appelé par les autres rois ses successeurs,
« de sorte que son droit à la succession d'Es-
« pagne est incontestable..... Désirant de
« notre côté concourir à la glorieuse fin
« qu'on se propose de rétablir la tranquil-
« lité publique, nous avons résolu de faire
« ce désistement, cette abdication, et cette
« renonciation de tous nos droits pour nous
« et au nom de tous nos successeurs et des-
« cendans; et pour l'accomplissement de
« cette résolution, que nous avons prise de
« notre propre, libre et franche volonté,
« Nous, nous déclarons, et Nous, nous te-
« nons dès à présent, Nous, nos enfans et
« descendans pour exclus et inhabiles ab-
« solument et à jamais, et sans limitation,
« ni distinction de personnes, de degrés et
« de sexe, de toute action, et de tout droit
« à la succession et Couronne d'Espagne.
« Nous voulons et consentons pour nous et
« nos descendans, que dès maintenant, et

« pour toujours, on nous tienne, Nous, et
« les nôtres, pour exclus, inhabiles et in-
« capables, en quelque degré que nous nous
« trouvions, et de quelque manière que la
« succession puisse arriver à notre ligne et
« à toutes les autres, soit de la Maison de
« France, soit de celle d'Autriche, et que,
« pour cette raison, la succession de ladite
« Couronne d'Espagne soit censée dévolue
« et transférée à celui à qui la succession
« d'Espagne doit être transférée, en tel cas
« et en quelque temps que ce soit ; parce
« que ni Nous, ni nos descendans ne de-
« vons plus être considérés comme ayant
« aucun fondement de représentation active
« ni passive, ou faisant une continuation de
« ligne effective, ou contentieuse, de sub-
« stance de sang ou qualité, ni tirer droit
« de notre descendance, et de compter les
« degrés de la reine Anne d'Autriche, notre
« très-honorée dame et aïeule, ni des glo-
« rieux rois ses ancêtres. Au contraire, nous
« ratifions la renonciation que ladite dame,
« reine Anne, a faite, et toutes les clauses
« que les rois Philippe III et Philippe IV
« ont insérées dans leurs testamens. Nous
« renonçons pareillement à tout le droit qui

« nous peut appartenir et à nos enfans et
« descendans, en vertu de la déclaration
« faite à Madrid le 29 octobre 1703, par
« Philippe V, notre neveu, roi d'Espagne;
« et quelque droit qui puisse nous appar-
« tenir pour Nous et nos descendans, nous
« nous en désistons pour Nous et pour eux...
« et pour plus grande assurance et sûreté
« de tout ce que nous disons et promet-
« tons, pour Nous, et au nom de nos suc-
« cesseurs et descendans, nous jurons so-
« lennellement sur les saints Evangiles con-
« tenus en ce Missel, sur lequel nous met-
« tons la main droite, que nous le garderons,
« maintiendrons, accomplirons, en tout et
« partout; et que nous ne demanderons ja-
« mais de nous en faire relever; et que si
« quelque personne le demande ou qu'il
« nous soit accordé *proprio motu*, nous ne
« nous en servirons ni prévaudrons. Bien
« plus, en cas qu'on nous l'accordât,
« nous faisons un autre serment : que ce-
« lui-ci subsistera et demeurera toujours,
« quelque dispense qu'on nous puisse ac-
« corder. Nous jurons et promettons encore
« que nous n'avons fait, ni ne ferons, ni en
« public, ni en secret, aucune protestation,

« ni réclamation contraire qui puisse em-
« pêcher ce qui est contenu en ces pré-
« sentes, ni en diminuer la force; et que
« si nous en faisions, de quelque serment
« qu'elles fussent accompagnées, elles ne
« pourraient avoir ni foi, ni vertu, ni pro-
« duire aucun effet.

« Ce 19 octobre 1712. »

Les extraits de ces divers actes sont tirés
de l'ouvrage sur les intérêts des puissances
de l'Europe, par J. Rousset; édition de
1734.

De ces déclarations, il faut principalement remarquer celle de Louis XIV. Elle
met à même de saisir cette différence essen-
tielle qui existe entre les lois d'Espagne et
celles de France, relativement à la faculté
de succéder au trône. Par les actes de
renonciation à la Couronne d'Espagne, les
droits des descendans *mâles et femelles*,
doivent être annulés; ceux relatifs au trône
de France ne font mention que des droits
auxquels les *mâles* peuvent prétendre.
Il n'est nullement question des femmes.
Pour la prérogative de succéder à cette
Couronne, elles sont réputées ne pas être
nées.

La princesse fille de Louis XVI est héritière de la Couronne de Navarre, parce que depuis l'origine de cet Etat, le droit de succession au trône a été réglé suivant les lois des Gots ou d'Espagne, et non d'après la loi salique.

A combien de réflexions donnent lieu (surtout vu la situation présente de la France), ces différens actes consentis au sujet de la succession à la Couronne d'Espagne? Les évènemens actuels forcent à les considérer comme non avenus! D'après quel principe, soit du droit des gens, soit de celui des nations, de telles stipulations pourraient-elles cesser d'être réputées obligatoires pour les descendans de ceux qui les ont souscrites, déclarées inviolables, et en ont garanti l'observation par tous ceux de leur lignée, nés ou à naître.

Ces conventions, rédigées avec tant de précautions, dictées dans des termes si explicites, ne formèrent-elles pas les bases de ce fameux traité d'Utrecht, que Louis XIV sut faire conclure de manière à ajouter encore à la gloire de son règne, en donnant à l'Europe une paix dont il avait préparé les élémens, et dont il empêcha les puissances ennemies de dicter les conditions.

A quels enchaînemens de faits tiennent donc les destinées des nations? Presque au même moment où Louis XIV a donné un roi à l'Espagne, a rassuré les peuples par les déclarations qu'il a fait souscrire aux princes de sa famille, le trône des lis se voit privé inopinément de trois générations de successeurs à la Couronne; le grand monarque ne tarde pas à descendre dans la tombe; la France peut tout craindre. Alors elle se vit rassurée par la conduite d'un prince que les stipulations récentes avaient rapproché du trône. Régent, il se montre le religieux conservateur du dernier et faible rejeton qui s'oppose à ce qu'il porte légitimement le sceptre.

A peine un siècle s'est-il écoulé depuis ces événemens, si honorables pour les générations qui en furent les témoins, que les neveux de ces Français laissent précipiter du trône, par des hommes non avoués, trois générations de princes, auteurs et garans de la gloire de l'Etat, comme aussi de sa longue prospérité. Une décision autant irrégulière, qu'elle est inconcevable, place le roi qu'elle a créé, dans la nécessité de se départir forcément de la foi jurée par ses pères, détruit des traités auxquels tant de puissances ont pris part, et ouvre carrière à de nouvelles difficultés. Quel sera l'avenir de la France ?

La portion du royaume de Navarre actuellement sous la domination espagnole, n'est pas possédée par droit de conquête; aucun traité de puissance à puissance n'en a consenti la cession définitive. Ce pays a été occupé de force et contre tout droit; plus tard, la mesure astucieuse a été sanctionnée par une autorisation illégale. Si Ferdinand II jugea devoir s'emparer de ce qu'il déclarait être nécessaire à la sûreté de ses autres États, plusieurs de ses successeurs ont reconnu que la restitution était acte de justice. Ainsi, le droit de réclamation est donc demeuré fondé, il l'est actuellement encore.

Il n'appartient, en aucune manière, à la puissance législative française, de s'immiscer dans les négociations qui pourraient être ouvertes sur cet objet.

La Couronne de Navarre est couronne fermée, elle peut se montrer environnée de la loyauté des membres des états du pays, les sujets de Marie-Thérèse peuvent se déclarer les féaux de leur reine.

Si la politique des grandes puissances, les a engagé à ouvrir les conférences de Londres, pour assurer l'indépendance d'un peuple dont les annales prouvent sa tendance à se lasser trop facilement d'être heureux; les religieuses maximes de conduite des cours de Rome, d'Autriche, de Naples, de Sardaigne, peuvent déterminer ces Souverains à intervenir en faveur du malheur, et dans les intérêts d'une cause légitime. Le roi actuel d'Espagne, ce monarque issu du sang des Bourbons, Ferdinand VII, peut se sentir porté à effectuer les promesses données par plusieurs de ses prédécesseurs. De l'avis de son conseil, il peut juger devoir saisir un moyen d'établir une barrière plus forte, plus réelle, entre ses Etats, et un peuple dont il faut prévoir et redouter les écarts.

En rétablissant dans son héritage cette princesse dont toute l'Europe admire les vertus, cette fille de tant de rois, qui, par sa religieuse et héroïque fermeté dans l'adversité, sait forcer même ses ennemis à sou-

pirer son nom , le berceau du fils de Jeanne
d'Albret deviendra nécessairement le pavois
sur lequel les Navarrois pourront élever
leur légitime Henri IV.

Cet Etat, tout dans l'avenir, deviendra
peut-être l'asile inviolable où la Providence,
dans le dessein de faire succéder un ordre
de stabilité nécessaire, à cette situation d'in-
certitude si dommageable à tous, voudra
soutenir, pour les rendre à la France désa-
busée, les augustes proscrits de cette famille
antique par qui la patrie a obtenu tant de
monumens de gloire, et qui, préparant les
temps, sut ouvrir pour les peuples, les di-
verses sources du bien-être.

FIN.